좋은 종교, 좋은 사회

한국 주요 종교의 사회기여도 분석

모든 인간은 하나님의 형상을 닮은 존엄한 존재입니다. 전 세계의 모든 사람들은 인종, 민족, 피부색, 문화, 언어에 관계없이 존귀합니다. 예영커뮤니케이션은 이러한 정신에 근거해 모든 인간이 존귀한 삶을 사는데 필요한 지식과 문화를 예수 그리스도의 사랑으로 보급함으로써 우리가 속한 사회에 기여하고자 합니다.

좋은 종교, 좋은 사회

지은이 · 김홍권 ‖ 펴낸이 · 김승태
초판 1쇄 찍은 날 · 2008년 1월 15일 ‖ 초판 1쇄 펴낸 날 · 2008년 1월 20일
편집 · 김지인, 이덕희, 방현주 ‖ 본문편집디자인 · 김지인, 이훈혜
표지 디자인 · 꿈꾸는 터
사진 자료 재공 : 은천노인복지회관
영업 · 변미영, 장완철 ‖ 물류 · 조용환, 엄인휘

등록번호 · 제2-1349호(1992. 3. 31) ‖ 펴낸 곳 · 예영커뮤니케이션
주소 · (110-616) 서울시 성북구 성북1동 179-56
홈페이지 www.jeyoung.com ‖ 대표 e-mail : jeyoung@jeyoung.com
출판사업부 · T. (02)766-8931, F. (02)766-8934 e-mail : edit1@jeyoung.com
출판유통사업부 · T. (02)766-7912 F.(02)766-8934 e-mail: sales@jeyoung.com

copyright©2008, 김홍권

ISBN 978-89-8350-716-7 (03300)

값 10,000원

♣ 잘못 만들어진 책은 교환하여 드립니다.
♣ 본 저작물은 저작권법에 의하여 한국 내에서 보호를 받는 저작물이므로 무단 전제와 무단 복제를 금합니다.

좋은 종교, 좋은 사회

한국 주요 종교의 사회기여도 분석

김홍권 지음

예영커뮤니케이션

차례

추천사 사실에 근거한 균형 잡힌 비판/손봉호 총장	13
추천사 영성, 사회 그리고 복지/김성이 교수	15
서 평 21세기 정신적 혼돈에 대한 종교적 대안/윤이흠 교수	17
머리말	20

제1부 조사의 개요

1. 조사 활동의 배경과 전개 과정 ... 27
2. 종교 이해를 돕기 위한 거시 지표 ... 32
   전체 종교 예산의 사회 연관 효과(宗敎의 社會聯關效果) : 약 50조 원
   (표) 종교별 교세현황
   (표) 종교인구
   종교 예산 약 7-8조 원은 보건복지부 2007년 사회 복지 예산(7조9천707억 원) 해당
3. 접근방법 ... 42
   조사대상 종교 및 항목
   조사방법

제2부 분석결과, 원인분석 및 기대효과

1. 종합분석결과 요약 ... 47

차례

　　(1) 사회복지시설 설립 10개 분야
　　(2) 3대 종교별 국내외 구휼활동
　　(3) 의료 복지 시설
　　(4) 헌혈, 골수, 장기기증, 호스피스 봉사
　　(5) 교정 복지(敎正福祉)
　　(6) 해외선교사 활동, 수
　　(7) 국정감사 우수국회의원 종교별 현황(16대, 17대 국회 3년)
　　(8) 사회교육사업(종교대학 포함)(2002년)
　　(9) 범죄분야

2. 전체 결과에 대한 직·간접 원인 분석　　　　　　　　　　　　54
　　(1) 자기교당 집회참여 빈도와 명목상의 신자비율
　　(2) 신앙심의 정도
　　(3) 성직자의 자질과 만족도
　　(4) 경전 읽는 빈도와 기복신앙
　　(5) 절대자의 심판설과 천국/극락에 대한 신뢰
　　(6) 종교 헌금
　　(7) 자기종교기관 외의 자비와 사랑 실천
　　(8) 인생의 중요한 가치관
　　(9) 학력

차례

　　(10) 음주, 흡연문화의 다과(多寡)의 차이
　　〈참고자료〉 범죄 및 경제적 손실 비용 약 80조 원 추정
3. 기대되는 분석 효과 　　　　　　　　　　　　　　　　　62
　　(1) 종교단체의 국내외 기여도 확인
　　(2) 종교단체들의 효율성과 투명성 개발
　　(3) 선행효과(先行效果)
　　(4) 정부, 종교기관들의 정보창출
　　(5) 언론보도 개발
　　(6) 정치발전
　　(7) 학문발전

제3부 향후과제, 대정부 제안 및 맺는 말

1. 향후 과제 　　　　　　　　　　　　　　　　　　　　69
　　종교 내(교단별) 평가
2. 대정부 제안 　　　　　　　　　　　　　　　　　　　71
　　(1) 법 위반 관련 비용통계 등
　　　　환경법 위반으로 의한 순 복구비용 = 환경부
　　　　부동산관련법 위반 비용 = 건교부
　　(2) 종교인별 통계

차례

      1) 이혼자 종교별 = 대법원(이혼신청서 종교란)

      2) 암 환자 종교별 = 국립암센터(암 등록신청서 종교란)

      3) 헌혈, 골수, 장기기증 종교별 = 보건복지부(새 제도+기존 제도 부활)

      4) 변호사회, 의사회, 약사회 회원의 종교별 위반 통계 공개

   (3) 제도개발

      1) 전과자 고용 장려제도 = 노동부(법무부)

      2) 교도행정에 대한 민간 감시기구 = 법무부

      3) 민간 사회복지시설 감사결과 명단공개 = 감사원

      4) 미신고 시설 문제 = 보건복지부

      5) 아동 유괴 살해범 처벌 규정과 성 보호법 강화 = 국회

3. 맺는 말   76

제4부 종교별 비교분석 결과(표와 해설)

1. 종교별 10개 분야 사회복지시설 설립현황   81

   〈표1-1〉 3대 종교별 사회복지시설(2002-2005년)

   〈표1-2〉 3대 종교별 사회복지시설 현황 시계열 비교(1997, 2002, 2005년)

   〈표1-3〉 기타 사회복지시설 6개 분야 종교별(1997, 2005년)

   〈표1-4〉 종교별 사회복지관 운영현황(2000, 2002, 2005년)

   〈표1-5〉 대학병원 종교별 설립현황(종교의료복지)(1997년)

차례

2. 한국 종교의 국내외 구휼활동　　　　　　　　　　　　　　　86
〈표2-1〉 3대 종교의 국내외 구휼활동
　　　　　대북 및 해외원조, 수재민, 대구지하철화재지원 등
〈표2-2〉 대북 인도적 지원 종교별(2004-2005년)
〈표2-3〉 종교별 해외 인도적 지원 실적(2003-2005년)
GO, NGO의 국제사회 및 대북 인도적 지원규모(1995-2001년)
참고자료 : 정부 복지정책과 해외 공적개발원조와 세계 속의 한국종교
〈표2-4〉 수재의연금 최근 3년간 종교별 실적(2003, 2005, 2006년)

3. 종교별 사랑의 봉사활동　　　　　　　　　　　　　　　　　95
〈표3-1〉 종교별 사랑의 봉사활동(헌혈, 각막, 장기, 골수기증, 호스피스 봉사)
　　　　(2002-2004년)
〈표3-2〉 최근 3년간 종교단체별 헌혈 실적(2002-2004년)
〈표3-3〉 종교별 골수, 각막, 장기기증 현황 종합분석(2002-2004년)
〈표3-4〉 골수기증 희망자(2002-2004년)
〈표3-5〉 생시기증자(신장, 간장, 골수)(2002-2004년)
〈표3-6〉 사후기증자(각막)(2002-2004년)
〈표3-7〉 뇌사기증자(2002-2004년)
〈표3-8〉 장기기증 희망자(2002-2004년)

차례

4. 종교별 교정복지봉사 형황 100

〈표4-1〉 종교별 교도소 재소자, 출소자를 위한 봉사(교정복지)(2002, 2003년) 종교위원, 선도위원, 자매결연, 불우수용자 및 가족 돕기

〈표4-2〉 종교위원 종교별 현황(2004년)

〈표4-3〉 종교별 교도소 재소자를 위한 봉사

〈시론〉 범죄비용의 경제학

5. 해외선교사 파송현황 103

〈표5-1〉 해외선교사 현황(2002년)

〈표5-2〉 해외의료선교사 파송현황

6. 국정감사 우수국회의원 종교별 현황 105

〈표6-1〉 국정감사 우수국회의원 종교별(17대 국회 3년, 16대 4년 현황)

〈표6-2〉 17대 국회 장기기증서약 종교별 현황(2004-2005년)

〈제언〉 국정개발을 위한 통계적 접근

7. 종교별 교육사업 현황 109

〈표7-1〉 3대 종교별 교육사업 현황(2002년)

〈표7-2〉 종교 주일학교 교사, 학생 수 추계(2005년)

〈표7-3〉 지역아동정보센터(2005년)

8. 종교별 형사범죄 현황 111

〈표8-1〉 종교별 형사범죄(2003-2005년)

차례

⟨표8-2⟩ 범죄 유형(9개)별 형사범죄 종교별 현황(1964-1992, 28년간 누계)

9. 종교별 생활관련 11개 분야 특별법법 현황　　　　　　　　115

⟨표9-1⟩ 교통사고처리특례법 위반 및 음주운전 측정거부

⟨표9-1의 1⟩ 특례법 위반 수

⟨표9-1의 2⟩ 음주운전 측정거부 수

⟨표9-2⟩ 변호사법 위반

⟨표9-3⟩ 병역법 위반

⟨표9-4⟩ 조세범처벌법 위반

⟨표9-5⟩ 윤락행위방지법 위반

⟨표9-6⟩ 식품위생법 위반

⟨표9-7⟩ 환경법(대기, 수질, 폐기물) 위반

⟨표9-8⟩ 개발제한구역의 지정 및 관리에 관한 특별조치법(부동산 투기 관련) 위반

⟨표9-9⟩ 집회와 시위에 관한 법률(불법데모) 위반

⟨표9-10⟩ 청소년보호법 위반

⟨표9-11⟩ 청소년 성 보호법 위반

참고 자료와 도서　　　　　　　　122

⟨참고표1⟩ 노인복지시설 종교별 현황(2002년)

⟨참고표2⟩ 미신고시설 종교별 분야별 시설수 및 정원수(2002년)

차례

〈참고표3〉 모자복지시설 운영실적(2002년)
〈참고표4〉 정신요양시설 종교별 현황(2002년)
참고도서   127

부록
  1. 시카고 한인 세계선교대회 취재기(월간 조선, 2000년 9월호, 김용삼)   129
  2. 성경적 기업윤리와 사회적 책임(통합연구, 1997년)   157
  3. '네 이웃을 네 몸과 같이 사랑하라'(축복의 통로, 2005년 11/12)   178
  4. 종교에 대한 세계 저명인사들의 관점   183
  5. 개신교 호스피스 전국기관 명단   186
  6. 천주교 호스피스 봉사기관 전국 명단   195
  7. 본 연구소 발기인 참여 주요 인사   196

추천사

사실에 근거한 균형 잡힌 비판

손봉호(동덕여자대학교 총장)

  김홍권 소장의 『좋은 종교, 좋은 사회』는 꼭 필요하고 유용한 책이다. 이런 책이 훨씬 더 일찍 나왔으면 더 좋았을 텐데 지금이라도 나온 것이 다행이라 하지 않을 수 없다. 사실 수년 전 경실련 활동에 참여하고 있을 때, 그 때 마침 경실련의 경제정의기업상 관련 실무책임을 맡고 있는 김소장을 만나 종교인의 범죄 통계가 필요하다는 말을 한 일이 있다.
  윤리운동을 하는 사람으로 종교적 신앙이 구체적인 사회생활에 얼마나 실제로 공헌하고 있는가에 대해서 관심을 가졌으며, 특히 범죄행위를 억제하는데 어느 정도 공헌하는 가가 궁금했다. 한국의 종교들이 너무 말만 하고 실천하지 않고, 너무 자신들의 구원에만 집착하는 것에 대해서 불만이 많았고, 종교인이라면 다른 것은 몰라도 적어도 범죄행위는 하지 말아야 하지 않는가 하고 생각하고 있었기 때문이다. 물론 한국의 종교들이 자기 종교 교세 성장에만 몰두할 뿐 사회를 위하여 충분히 공헌하지 못하는 것에 대해서도 불만을 가지고 있었다. 그런데 이번에 나온 『좋은 종교, 좋은 사회』를 살펴보니 종교인들의 범죄율 통계뿐만 아니라 복지, 봉사, 구휼 등 다른 여러 중요한 분야에서 한국의 대표적인 종교들이 어느 정도 활동하고 기여하는 가를 통계를 통하여 객관적으로 일목요연하게 잘 정리해 두었다.
  나는 이 책이 적어도 두 가지 기능을 할 수 있다고 생각하고 또한 그렇게 하기를 바란다. 하나는 한국의 중요 종교들, 특히 교단 지도자들이 자기 종교의 위상을 좀 객관적으로 알고 스스로를 재정립했으면 하는 것이다. 얼마나 일을 잘 했는가는 몰라도 괜찮으나 얼마나 못 했는가는 꼭 알아야 한다. 다음은 한국 종교를 비판하는 사람들이 앞으로는 좀 더 객관적인 사실을 근거로 비판해 주었으면 하는 것이다. 물론 개신교를 비롯해서 한국의 중요 종교들이 스스로 주장하고 과시하는 것만큼 사회를 위해서 공헌하지 못하는 것은 사실이다. 그러나 그들이 우리 사회에 아무 공헌도 하지 못할 뿐 아니라 오히려 사회에 해를 끼친다고 생각하는 것은 좀 지나치다는 사실을 이 책을 통하여 알았으면 한다. 사실에 근거하고 균형이 잡힌 비판이라야 효과를 거둘 수 있을 것이기 때문이다.

종교인들이나 종교에 대해서 비판적인 사람들 모두가 이 책을 읽으면 도움을 얻을 수 있다고 믿는다. 일독을 권하고 싶다.

추천사

영성, 사회성 그리고 복지

김성이(이화여자대학교 사회복지학과 교수, 한국사회복지사협회 회장)

혼돈의 사회를 개혁하려는 우리의 과제는 무엇인가? 이 질문에 대해 많은 학자들은 나름대로의 답을 내놓고 있다. 나는 영성(spirituality)과 사회성(sociality) 확장이 혼란기의 우리들의 과제라고 생각한다.

For the world, with the world

오늘날 우리 사회는 자기발전에 초점을 두었던 과거에서 벗어나 '함께 하는 발전'을 지향하는 미래로 나아가고 있다. '세계'라는 단어 또한 과거에는 나를 중심으로 하는 가족과 이웃에 초점을 둔 것이었다면, 현재는 그것이 '우리 가족', '우리 사회', '우리나라'를 넘어 '이웃 나라'와 '세계 공동체'로 까지 확장되고 있다. 이렇게 확장된 세계의 개념 속에서 사람들의 관심사는 '나와 내 가족만 잘 살면 되는 것'에서 '우리 이웃과 우리 사회, 그리고 세계 공동체의 삶의 질 향상'으로 확장된다. 즉, 사회성(sociality) 확장이 우리의 첫째 과제이다.

Spiritual Rehabilitation

또한 우리 사회는 과거의 이념 지향적 사회의 탈을 벗어야 한다. 이념으로 분쟁하는 일도, 이념으로 뭉치는 일도 적어야 한다. 현재 우리 사회는 이념의 틀 속에서 벗어나려고 용트림을 하고 있다. 우리 사회는 혼란을 극복하고 새로운 가치관을 정립하려는 사회재활과정을 밟아야 한다. 온전한 재활이 되려면 신체적 재활과 정서적 재활은 물론 '영성재활(Spiritual Rehabilitation)'이 필요한 것 같이, 혼란기의 우리 사회가 바로 되려면 올바른 영성재활이 필요하다.

Well-Being Society

사회성 확대와 영성재활의 목적은 Well-Being Society, 즉 행복한 사회를 만들려고 하는 것이다. 다함께 행복한 복지사회를 만들기 위해서는 사회현실에 대한 문제인식이 있어야 한다. 문제인식으로부터 복지사회 건설이 시작된다. 이 책은 우리들이 지금까지 외면하거나 소홀히 했던 고통에 대한 현실인식을 제공하고 있다. 종교와 사회에 관한 실태조사와 분석은 우리들에게 복지사회 건설과정에 필요한 지식을 제공하고 있다.

영성재활이 구체화 된 것이 종교이고, 사회성 확립이 구체화된 것이 사회이다. 이 책은 영성재활을 위한 종교의 역할과 사회성 확장을 위한 사회의 역할을 구현하는데 필요한 객관적 자료와 현실적 대안을 제시하고 있다. 이 책을 영성재활, 사회성 확장, 그리고 복지비전 형성을 추구하며 정독해 줄 것을 바란다.

서평

21세기 정신적 혼돈에 대한 종교적 대안

윤이흠(명예교수, 서울대학교 종교학과)

　　김홍권 선생의 이번 연구발표 내용을 접하면서 평생을 종교연구에 보낸 나로서는 큰 기쁨을 느끼지 않을 수 없었다. 우선 연구자가 밝혔듯이, 우리 사회는 종교에 대한 요구는 많으면서도 종교의 사회에 대한 기여에 관하여 계량적 측정을 통한 파악을 하려는 노력이 거의 없었으며, 더 나아가 이러한 문제에 대하여 종교별 성과를 정확하게 파악하는 것은 종교로부터 반발을 받는 것이 두려워서 기피해 왔던 것이 사실이다. 따라서 우리 나라의 종교에 대한 실증적 파악은 찾아보기 어려운 상태이다. 이러한 현실에서 김 선생의 이번 연구발표는 실로 새로운 가능성을 제시하는 큰 의미를 지니고 있다.

　　이 발표의 부제인 "한국 주요종교의 사회기여도 분석"이 제시하듯이 이 연구는 종교의 사회적 차원에 관한 연구로 구성되었다. 따라서 이 연구의 중심은 종교가 사회에 어떤 점을 얼마나 기여하는가의 문제에 집중되고 있다. 종교의 사회적 기여는 종교가 사회윤리 분야에 미치는 영향과, 사회복지 분야에 공헌하는 두 측면으로 접근할 수 있다. 바로 양면에 근거하여 이 연구는 종교의 사회에 대한 문제들을 관찰하고 있다. 결과적으로 이 연구는 한마디로 종교의 사회윤리적 측면을 집중적으로 조명하고 있다. 그런데 이러한 사회윤리적 문제의식이 실로 방대한 사회윤리적 영역의 다양한 자료를 다루고 있다는 점에서 참으로 놀랍기 그지없다.

　　예컨대, 1) 사회복지시설을 설립하는 10분야, 2) 개신교, 가톨릭, 불교의 3대 종교가 국내외에서 전개하는 구휼활동, 3) 의료복지시설, 4) 헌혈, 골수, 장기기증, 호스피스 봉사, 5) 교도소 관련된 봉사를 하는 교정복지, 6) 해외선교사 활동, 7) 국정감사 우수의원, 8) 사회교육사업, 그리고 9) 각종 분야에서의 범죄에 관한 문제 등의 제반 문제들을 구체적인 자료와 도표를 통하여 체계적으로 자료를 제시하면서 논의를 전개하고 있다. 이처럼 구체적인 자료를 근거로 하여 종교가 사회복지제도에 어떻게 얼마나 기여하고 있는가를 제시하고 있다. 이처럼 우리나라의 종교에 관하여 관심을 갖고 있는 문제들 가운데 아직 아무도 지적하지 못하였던 문제들을 이 연구가 조명하여 주고 있다. 그것은 각 종교의 사회복지 분야에 대한 기여도를 밝히고 있다. 한마디로 이 연구는 종교윤리학적 시각에 근거하고 있다.

이처럼 방대한 분야의 구체적인 자료를 근거로 하여 우리나라 종교사회의 윤리적 문제들을 밝힌 연구가 없었던 것이 사실이다. 이러한 점에서 우리는 모두 이 연구를 자랑스럽게 받아들일 만하다.

그러나 세상만사가 모두 그렇듯이, 이 연구 역시 자체의 한계를 내포하고 있다. 그것은 이 연구의 시각이 지나치게 종교윤리학적 시각에 편중되었다는 점에 있다. 종교라는 현상은 사회봉사를 위하여 존재하는 것이 아니라는 사실을 인정한다면, 그 순간 이 연구가 지닌 한계가 명백해진다. 종교는 사회봉사를 위한 현상에 머물러 있지 않는다. 구체적으로 말하자면 20세기 서구에서 나타난 종교윤리학적 관심의 대상은 종교현상의 극히 일부에 지나지 않는다. 좀 더 구체적으로는, 종교는 인간의 정신적 삶의 안녕과 질서를 제공한다. 따라서 정신적 안녕과 질서를 누리는 개인이나 집단은 사회봉사에 소홀히 할 가능성이 매우 높다. 그렇다고 사회봉사를 하는 종교가 그보다 더 기능적이라고 한다면, 정신문화는 무시되는 결과에 이르게 된다. 20세기를 거치는 과정에서 유럽과 미국을 합한 서구사회에서 급격하게 종교가 축소된 것이 바로 이처럼 종교를 사회측면으로 해석하게 된 데에 기인한다는 점을 지적하지 않을 수 없다. 종교를 사회적 측면으로 해석하는 것은 사회적 질서를 형성하는 데는 매우 중요한 출발점이 된다. 그러나 그것은 종교가 사회에 정신권위를 건강하게 행사하는 기반을 흔드는 길이 된다는 사실을 동시에 말해 주기도 한다.

21세기로 넘어오면서 세계문화가 정신적 권위를 상실하는 데서 오는 시대적 혼돈을 경험하게 된다. 그런데 우리는 아직 이 새로운 정신적 권위를 어떻게 되찾을 수 있는가를 알지 못하고 있다. 그러나 세계정신사는 유교, 불교, 유일신교, 그리고 희랍의 인본주의와 같은 이른바 네 판의 고전문화에서만 정신적 권위가 유지 보전될 수 있었다는 사실을 역사가 말해 주고 있다. 21세기에 들어서서 컴퓨터 문화에 의하여 상실되어가는 바로 이러한 정신적 가치의 계발이 없이, 현대 정신문화의 재건은 불가능하다는 사실 역시 우리는 알고 있다.

바로 이 점에서 나는 김홍권 선생의 이번 발표가 그 무엇보다 중요하다고 확신한다. 그것은 20세기 말에 이루어진 현실에 대한 정확한 판단 위에, 지금 막 시작되는 21세기의 정신적 혼돈에 대한 대안을 찾아야 하기 때문이다. 만약 김선생의 이 연구와 같은 현실파악 위에, 지금 다가오는 문제들에 대한 시각을 접목시킨다면, 얼마나 바람직한 결과를 기대할 수 있을까 생각해 본다. 그리고 이러한 희망은 세계의 대표적인 종교전통들이 모두 공존하고 있는 우리나라의 내일에 대한 희망뿐만 아니라, 바로 지구촌 전체가 요청하고 있는 시대적 문화변천에 대한 해답을 제시하는 길이 되기 때문이다.

머리말

　　역사발전단계로 보기에는 너무나 큰 극단적 이기주의와 사회적 아노미 현상이 지속되고 있다. 거의 모든 것을 부정하려는 가치관이 팽만한 위험수위를 나타내고 있는 것이 현실이다. 따라서 긍정과 부정이 적절한 비율로 공존하는 사회가 희망이 있는 건강한 사회인데, 그 이유 여하를 떠나서, 이렇게 모든 것을 부정하는 작금의 사회풍토는 우리 사회에 새 싹을 틔울 수 없거나 사회 각 분야에서 아주 연약하나마 자라고 있는 싹마저 잘라 버릴 수 있는 매우 위험한 상황이 지속되고 있다.

　　자율적 책임이 전제되는 자유도, 자유만 있고 책임은 없고, 기득권자들의 극단적 이기주의가 팽만하고, 소외된 다수는 확대 재생산되고 정치적으로 시민의식은 무정부주의에 가깝다.

　　종교자체의 책임도 크지만 종교에 대한 시각도 지나치게 부정적인 면만 강조되는 면이 없지 않다. 이를 극복하기 위해서는 종교와 사회가 건강한 관계를 갖는 환경을 조성하는 일이 중요하다. 그리고 이를 위해서는 종교가 먼저 현실을 극복하면서 사회 친화적으로 변화되어야 하고, 다른 한편, 종교에 대한 정보가 사회에 균형 있게 제공되는 것도 중요하다.

　　베거(P. Beger)는 「종교와 사회」에서 "모든 인간사회는 세계를 건설하는 하나의 기획이며 종교는 이 기획에 있어서 독특한 위치를 차지한다"고 말한다.

　　우리 종교들이 사회통합을 위해서 어떤 기획으로 사회에 참여할 것인가에 대한 문제는 지난 십수 년 동안에 걸쳐서, 이미 종교계는 물론 대학이나 우리 사회에서 식상하리만큼 여러 번 공론화가 이루어져 온 것이기 때문에, 여기서는 이념이나 실천방법에 대해서는 논외로 접어 두고, 이제는 우선 그것들을 양적으로라도 어떻게 실천해가고 있는가 하는 문제만을 다루기로 하였다.

IMF사태의 후유증과 함께 오늘날의 도덕성 추락과 불신으로 우리 사회공동체가 어려움을 겪고 있는 가운데, 시민단체 일각에서는 거대한 인적 물적 자원을 갖게 된 NPO(비영리 단체) 또는 NGO인 종교단체가, 개혁해야 할 마지막 성역이라고 비판하기도하고, 반(안티)종교단체까지 생기고 있는 것이 오늘의 현실이다. 또한 2005년 1월 3일, 광복 100주년 기념으로 서울대학 등이 한국갤럽을 통해서 국민의식조사를 한 결과발표를 보면, 종교단체에 대한 신뢰도는 '신뢰'가 25.7%, '불신'이 37.9%로 나타나고, 1996년의 신뢰도 31.9%에서 후퇴하고, 불신도 34.0%보다 다소 상승하고 있는 면도 있다.

또한 종교계 내에서도 변화해야 한다는 자성의 목소리도 높다. 지도급 원로 성직자들이 종교적 소임을 다 하지 못한 것을 공개적으로 모여 회개(悔改) 기도(자가반성)를 하기도 하는, 이런 변화가 필요한 때에 맞추어, 종교의 특성상 파악이 어려운 구조적인 한계를 인정하면서, 주요 종교들이 실제로 숨어서 노력하고 있는 모습을 부분적으로나마 같이 파악해 보는 것도, 종교와 사회와의 관계를 균형 있고 건강하게 개선하는데 의미가 있다고 보았다.

노스(Noss, 1982)도 종교는 그 속성상 사회 혹은 사회복지와 끊임없이 관계를 가질 수밖에 없는 내재적 이유가 있다고 말한다. 또, L.N. 톨스토이는 '종교란 무엇인가'에서, 참된 종교란 인간이 그들을 둘러싼 무한의 큰 생명에 대하여, 그들의 생활을 이 큰 무한에 결합시켜, 그것에 의해서 자기의 행위를 지도하는 관계를 확립한다는 사실이다' 라고 말하고 있다.

그런 의미에서 이 분석 작업은 전체적으로는 우리 종교와 사회와의 관계에 대해서 먼저 긍정적 입장에서 출발하고 있다. 빈부격차와 이른바 양극화현상, 환경문제, 범죄문제, 남북문제는 물론 아직도 사회안전망이 부족한 현실에서, 병들고 소외된 이웃이 많고, 장애인문제, 노인문제 등 종교단체나 종교인들이 정부와 협력하려 하고 있고 또, 해야 할 일들이 산적해 있는 것이 오늘의 현실이다.

그러나 종교가 이제는 현대사회의 시민사회교육의 도장이며, 사회복지의 중요한 자원이며 불가결한 중요한 문화가치임에도 불구하고 종교를 단순히 개인적인 신앙이나, 개별종교단체 차원으로 한정해 지나쳐 버리는 우리 사회의 타성 때문에, 종교에 대한 객관적 조사연구가 충분히 이루어지지 못하여 왔다. 또한 여기에는 '오른손이 한 것을 왼손이 모르게'라는 종교교리도 영향을 주고 있지만, 종교단체들은 종교단체대로 외부집단에 대해서 대체로 배타적 태도를 갖고 있어 자신의 실상을 외부에 드러내는 것을 기피하는 성향도 있다. 공공기관들도 종교에 관한한 정교분리의 원칙을 이유로 꼭 필요하여 종교에 관한 조사를 하더라도 소극적이고 그에 대한 공공기관의 정책적 대안과 수단을 찾으려는 노력자체가 매우 약하고 실효성이 적었다고 볼 수 있다.

따라서 정책효과를 높이기 위해서도 종교관련 통계가 더 창출되어야 함에도 불구하고 정부가 기왕에 채택해 왔던 종교통계마저 없애는 우를 범하기까지 하고 있는 안타까운 실정이다. 이러한 정부나 종교단체 자체의 비효과적인 태도가 귀중한 자발적 사회자산인 종교의 조사연구를 방해하는 또 하나의 큰 원인으로 작용해 왔다.

대학의 비교종교학, 종교사회학, 사회복지학, 형법학, 경제학 등의 분야에서도 종교에 대한 실증적 비교연구는 소홀히 해 왔다. 사회교육에 파급효과가 지대한 언론사들도 단편적인 사건이나 선행(善行)과 종교의 문화행사적 측면에 비중을 두어 보도함으로써 국민들에게는 전체 종교를 비판하거나 미화하는 왜곡된 시각을 가져올 수 있는 여지를 마련해 주었고 그 결과 종교와 사회, 종교와 정부간, 그리고 심지어는 종교와 신자의 관계까지도 생산적으로 작용하지 못한 점도 매우 컸다고 본다.

그러나 종교에 대한 객관적 조사는 인간내면적 가치와 연결되어 밖으로 드러나는 신앙상태를 조사대상으로 삼아야 하는 특수성 때문에 객관적으로 그것의 전부를 완전무결하게 측정한다는 것은 불가능한 일이다. 더구나 역사와 문화와 체제와 표현방식과 신념이 다른 다양한 종교를 사회적인 같은 기준으로 측정한다는 것은 쉬운 일이 아니기 때문이다.

이런 연유로 우리 사회에는 종교에 대한 요구는 많으면서도 종교 전체의 사회기여도(社會寄與度), 즉 사회연관효과(社會聯關效果)는 물론 특히, 종교별 성과를 실제로 측정해 보려는 노력은 거의 없었고 또 금기시해 옴으로써 종교자체는 물론 사회에도 매우 좋지 않은 영향을 주어온 곳이 사실이다. 그러나 그동안에도 한국사회복지시설협회나 한국갤럽, 문화관광부, 보건복지부, 대검찰청, 통일부, 대한적십자사와 통계청등에서 종교인구나 교당출석빈도, 다양한 사회복지시설 설립 운영, 범죄행태 종교별 등에 대해서 조사된 원천통계는 있어 왔고, 수년 전 일부 종교계가 종교윤리헌장까지 만들어왔다. 그런데도 있는 자료들이나마 그것들을 취합하여 종교별 사회성과를 비교분석하여 보여 주는 일은 없었다.

이것은 민주화와 정보화와 투명화시대를 거스르는 것으로 사회와 종교개발을 위해서도 바람직한 태도가 아니다. 물론 정교분리의 입장은 바람직한 거리를 두고 지켜져야 한다. 그러나 종교 간의 갈등은 배제하면서 건전한 협동과 함께 선의의 경쟁을 통해서 종교들이 사회의 어려운 문제들을 위해 사회 속에서 선언하고 있는 종교의 가치들을 실현해 나갈 수 있는 환경을 조성해야 할 필요성은 부인할 수가 없는 것이다.

즉, 이렇게 쉽지 않은 종교에 대한 객관적 조사는, 여러 이해집단의 이해를 극복하여, 기본적으로 우리 사회의 복지증진과 문화발전을 위해서도 필요하다. 또한 종교의 정체성회복으로 막대한 사회적 비용을 줄이며, 사회의 종교에 대한 객관적 인식의 폭을 넓힘으로써 부정적 편향의 시각에서 긍정적 시각으로 균형을 잡아 사회의 생산성을 높일 수 있는 것이다. 이런 분석 작업은 정부만으로는 한계가 있을 수밖에 없는 소외계층을 비롯한, 우리 사회 다양한 분야의 문제들에 대해서 종교의 사회적 책임을 더 잘할 수 있도록 하기 위해서, 누군가에 의해서 시도되었어야 할 우리 사회의 중요한 과제의 하나였다.

따라서 이 작업은 시민사회로부터의 타정(他淨)의 요구와 그동안의 종교계 자체에서 분출되어 왔던 자정(自淨)의 소리에도 부응하고 더 나아가 종교민주화와 투명화와 함께 종교의 사회속의 위상과 효익(效益)을 긍정적으로 다시 확인하는 작업의 하나다.

그러나 종교와 사회와의 관계를, 특별한 종교의 정신적, 영적 불가지영역(不可知領域)을 제외하고, 우리 종교들이 사회에 선언하고 있는 보편적 약속들 즉, 종교자체의 종교법과 그리고 사회법을 얼마나 지키고 있는가에 대한 기준을 가치중립적으로 재해석하고, 그 가치기준에 따라서 실증적, 경험적 조사를 통해서 새로운 공적(公的) 자료를 발굴해야 하는 큰 한계와 부담을 안고 출발할 수밖에 없었다.

　이번 조사가 학문연구를 위해서 한 것은 아니지만, 그 동안의 종교관련 학계의 형이상학적이고 이론중심의 연구라는 한계를 극복하고 타문화와의 소통을 통해서, 실사구시적(實事求是的), 경험적 종교연구를 할 수 있는 하나의 통로가 될 수 있을 것이고, 이를 기반으로 하여 어느 정도 주변 학문의 영역에서도 실용적 종교윤리(Religious Ethics)가 정착해 나가게 될 수 있는 작은 통로가 될 것으로 본다.

　또 세계 속에서도 유례가 없는 특별한 구조의 다종교국가인 한국의 종교행태에 대한 이런 연구가, 세계 속의 종교계와 각계 종교연구가들에게도 작은 기여가 될 수 있을 것으로 믿는다. 아무튼 이러한 연결된 조사결과들이, 성역으로서의 종교가, 도덕적으로 쇠락해가는 어려운 우리 사회 속에서 귀중한 사회자산으로서 건강하게 재개발되는 좋은 효과가 있을 것으로 기대해 보는 것이다.

　그러나 우리 주요종교의 다양한 사회기여 노력의 대체적인 흐름을 보여 주기 위한 이 분석을 위해서 최대한 객관성, 정확성과 균형감각을 갖으려고 부단히 노력하였으나 자료와 시간과 능력상의 한계 때문에 의도한 선의(善意)가 제대로 반영되지 못한 부분이 혹시 있더라도 관계되는 모든 분들의 넓은 이해가 있으리라 믿는다.

　끝으로 수년간 과외의 시간을 내어 자료를 협조해 준 정부나 민간 및 종교기관들과 귀한 조언을 아끼지 않은 모든 분들에게, 그리고 이 책의 출판을 선뜻 맡아주신 예영커뮤니케이션의 김승태 사장님께 깊은 감사를 드린다.

2007년 12월 31일
고봉산 자락에서 김 홍 권

제1부 조사의 개요

1. 조사활동의 배경과 전개과정

　　종교는 사회의 여러 기능 중에서 우리 사회의 중요한 한 기능으로 부각되어 왔다. 이런 귀중한 사회자산의 하나인 종교에 대한 싹을, 어떻게 키울 수 있을까 하는, 필자의 10여 년 동안의 경험과 고민의 결과가 오늘 이 자리를 있게 하였다. 종교의 사회기여 노력과 피해에 대한 정보도 흔치 않고, 민감한 종교문제를 다루어야 하겠다는 결심은, 그것이 아무리 종교와 사회와의 관계를 위한 중요한 과제라고 하더라도 막상 출발점에 섰을 때는 황무지에, 외로이 서 있다는 고독감마저 들었다.

　　이제는 그만 사회 일에서 손을 떼고, 건강이나 추스르며 조금 더 쉬운 길을 가도 될 나이에, 새로 또 어려운 문제에 뛰어들어야 하나 하는 회의심도 컸었다. 그러나 압축성장기의 천민자본주의적 풍토에서 변화할 줄 모르고 비판받던 대기업들의 관행을 바로 잡기 위해 대기업의 윤리를 평가, 격려(시상)하여 '좋은 기업 더 좋은 세상'을 열어보자고 뜻을 세우고 황무지에서 1년간의 탐색을 거쳐 1991년 경제정의기업상(賞)제도를 창안(금년 16회 시상이 끝남)하여 10여 년간 직접 운영하였던 경험과, 정신이, 자연스럽게 종교의 사회실천윤리에 관심을 갖게 된 배경이 되었다.

　　80년대 말, 기업윤리가 척박한 사회 환경 속에서 기업에 대한 불신과 비판은 컸지만 지금 종교에 대한 사회의 비판에서처럼, 기업의 사회기여 노력을 실증적으로 비교평가하려는 노력은 우리 사회에 없었다. 그러나 필자는 밖에 알려지지 않게 각종 기업관련법을 지키며 비교적 건전하게 기업가정신으로 경영을 하는 기업도 있을 것이라는 확신과, 그런 기업을 사회에 알려 격려해 줌으로써 국민으로부터 사랑받는 기업이 늘어나면 기업과 사회가 건강해질 것이라는 기대 하에, 10년이라는 세월을 경실련 경제정의연구소에서 상근하며 대기업과 사회에 상당한 반향을 일으켰다.

> **경제정의지수로 본 경제정의기업상(賞) 제도**
>
> 기업평가방법 역시 기업의 마땅히 지켜야 할 **소극적인 기업윤리 분야**인 공정거래법, 조세법, 환경법, 산업안전법, 장애인고용법, 성평등고용법 등 기업관련 법을 얼마나 지켰느냐를 중심으로 하고 고용, 수출 등 경제발전 기여도, 사회 환원 등과 같은 하면 할수록 좋은 **적극적인 기업윤리** 등 40여개의 평가지표 모두가 정부 등의 객관적 자료를 중심으로 비교 종합평가했다.
>
> 이와는 별도로 과거 10년간 30대 재벌 공정거래법 하도급법 위반 순위, 30대 재벌 사회 환원 순위등과 같은 중요한 지표들은 상승효과를 위해서 보충적 방법으로 평가 발표하였다. 이런 방법들이 사회에 미친 효과는 금전적으로 헤아릴 수 없는 막대한 것이고 천민자본주의를 넘어 좋은 기업 더 좋은 사회를 열어가게 하기 위한 새로운 효과적인 방법의 하나였던 것이다.

그것이 '**경제정의기업상(賞) 제도**'인데 이것은 일본 아사히(朝日)재단의 평가제도보다 4년이나 앞선, 동양에서는 최초의 시상제도였고, 노벨상은 아니지만 세계 기업윤리제고에 대한 공로로 스웨덴 노벨위원회로부터 표창을 받은 바 있고, '더 좋은 세상을 위한 쇼핑(Shopping for a better world)'이라는 소비자 안내책자로 유명한, 미국 '경제적 최우선을 위한 연합(CEP)'과도 좋은 협력관계(1997년)를 가진 바 있다. 또한 그것이 우리 대학들의 기업윤리학 개발에도 크게 기여하였다. 그러나 아직도 우리 기업윤리가 선진국 수준에는 미치지 못하고, 이로 인해 반(反) 기업정서가 문제되고 있는 큰 아쉬움도 있으나 수상 기업들이 한편에서는 굉장한 자부심을 갖고 윤리적 경영을 하려고 노력하는 모습을 지켜보아 왔다.

이런 연장선상에서 '좋은 종교 더 좋은 사회'를 위해서 경제정의기업상 창출과 비슷한 시기인, 1989년 어렵게 접근한 대검찰청의 범죄분석 자료를 활용하여, 월간 「신앙계」에 '종교별 형사범죄 현황과 교계의 대응'이라는 글을 기고한 것이 종교에 대한 관심의 시작이었다.

한국의 유일한 특수성

형사정책연구원 주최 '범죄와 범죄통계' 주제의 제1회 국제학술대회에(1991년 10월 15일)서 토론 시 "내가 하고 있는 종교별 범죄평가도 의미가 있는 방법인가"라고 하는 필자의 질문에 일본 미야자와(宮澤浩一) 교수는 '범죄예방은 형법적 수단만으로는 불가능하며 교육정책 등 종합적 처방이 필요한데 종교도 그 중에 의미가 크다. 한국인은 일본인에 비해서 신앙심이 강하고 3-4대 종교가 병존하므로 그 종교별 범죄성과의 비교평가가 가능하다'고 답변한 것도 이 연구 작업에 지속적으로 관심을 갖는 계기가 되었다. 또 그것은 그 후 1990년대 초 10여개의 범종교단체들과 대학이 참여한 새 천년 한국종교의 방향을 정립하기 위한 대토론에서도 비슷한 큰 반응을 보았었다.

미국 하버드대학에서는 경제학자 로버트 배로(Robert J. Barro) 교수(석좌교수 겸 후버연구소의 선임연구위원)가 '종교와 경제'를 주제로 한 강연에서 경제발전, 교육수준, 정부정책 등의 요인들이 종교행위에 어떤 큰 영향을 주며 신앙심과 종교적 행위의 차이가 다양한 경로를 통해 국가간 경제성장의 차이를 가져 올 수 있음을 보여 주기도 한다.(2005년 고려대 100주년기념 국제학술대회 기조강연 주제). 또 미국 범죄정의 리서치센터(2002년)와 오하이오 주립대학에서 우수논문으로 선정된, 학위논문(청소년 범죄와 종교효과 분석, 김정아, 사회사업)에서도, 종교성이 높은 청소년일수록 범죄예방에 효과가 있다는 사실을 발표한 일이 있다.

1997년에는 필자가 '종교의 사회복지 기여도 평가'를 복지부와 한국사회복지협회와 종교계의 자료협조를 받아, 종교별 사회복지 시설설립 실태를 비교분석하여 경제정의연구소 이름으로 발표(사회복지신문, 의협신보, 1997.5.22)하여, 당시 성적이 부진한 종교단체가 사회복지학 전공자를 기용하는 등 조용히 크게 변화하는 효과를 지켜보았다.

복지관련 국책연구소나 종교단체들도 필자의 최초의 비교종교 분석 기사내용을 인용하고 정부도 종교계의 사회복지 활성화방안을 공식적으로 모색하기 시작하고 종교단체들은 자체종교의 사회복지 편람을 작성하기 시작하는 자극제로서의 성과도 있었다고 본다.

　안타까웠던 것은 경제정의기업상 수상 기업이 결정되면, 주요일간지 사설 등과 TV에서 앞 다투어 보도하던 것과는 완전히 다른 반응을 보였었는데, 주요일간지 문화, 사회부 기자들이 특종이라고 하며 가져갔던 종교별 사회복지 기여도평가 보도 자료가, 보도가 안 된 이유를 확인 했을 때, '데스크'에서 결정했다는 것이었다.

　필자는 지금도 그 소신에 변함이 없지만, 그 때 담당 기자들에게 한 말이 지금도 기억이 생생하다. "보도내용상, 자연히 차이가 나타나게 될 종교간 성과의 우열이, 구독자와 시청자를 의식할 때 언론사로서는 다소의 부담은 있을 수 있지만 큰 문제될 것은 없고 그것을 극복하고 먼저 보도하는 언론사가 그렇지 않는 언론사보다 중장기적으로는 훨씬 앞서간다는 사실을 명심하시기 바랍니다."

　2001년 본 연구소 설립 당시 시민단체, 종교계, 사회복지학, 법학, 정치계 등 각계 인사 100명 이상이 추진위원으로 참여했고, 사회원로 두 분이 각각 '좋은 사업인 것으로 보인다. 그러나 영향력을 위하여 종교계의 원로들을 고문으로 모시면 적극적으로 참여 하겠다'고 하는 고마운 제안도 있었다. 하지만 일부원로는 크게 벌리지 않고 조용하고 착실하게 실적을 쌓아가는 것이 좋을 것이라는 의견도 있었다. 역시 필자는 지금의 이 길을 선택하여 열심히 일을 해왔지만 일손부족으로 어려움이 매우 컸다. 그리고 이 작업은 그 성격상, 지금까지도 언론의 보도에서 소외당할 뿐 아니라 재정적으로는 종교단체는 물론 기업재단에서도 도움을 전혀 받을 수 없는 성질의 것이었다. 게다가 과잉민간단체 지원시대가 열려 있는 작금(2007년 민간단체사업지원예산 중앙정부, 100억 원, 지방자치단체 3,200억 원), 정부마저도 종교문제를 다루는 민간단체는 그 설립자체가 근거조항이 없다는 이유로 용납되지 않았다. 그리고 일부 종교계나 국책기관의 이론중심에서 벗어나지 못하고 있는 종교사회복지관련 조사용역비가 1억 원대에 육박하고 있는 것과도 너무나 대조적인 모습인 것이다.

　그러나 2002년에, '시민운동지원기금' 사업공모에서 의미 있는 과제로 선정되어, 조사한 결과를 '한국 주요종교의 사회적 기여도평가'라는 제목으로 보고서를 냈지만, 그 단체에서도 그것을 발표하거나 출간하지는 않았다.

그리고 그 후 지금까지도 지난 4-5년간 우수국회의원 종교별, 변호사, 의사 등 전문직 및 지식인 법위반 종교별, 종교별 교통사고 비용, 공무원법, 병역법, 환경법, 산업안전법 위반과 탈세, 대북 및 세계 빈민국 인도적 지원, 수재의연금, 대구지하철참사 의연금, 헌혈 장기기증, 골수기증 등, 우리 사회 최초의 정보요 기자들이 취재했어야 할 보도 자료를 열심히 준비하여 냈지만, 일부 종교계 신문을 제외하고는 보도하지 않는 관행이 지속되고 있는 현실은 참으로 유감스런 일이었다.

(예 : 2001년 보도자료 **〈제목〉 과거 37년간 교통사고 산업재해손실 약 1,000만 명 사상(死傷), 6.25 피해보다 컸다.** 사회경제적빈용도 약 150조 원 추정! 산업안전법과 교통사고특례법 위반 종교(무)별, 3쪽)

뿐만 아니라 각 종교계 신문들도 자기종교에 유익한 내용은 열심히 보도하는 반면, 그렇지 않은 내용은 보도를 기피함으로써, 자기 종교자체의 실체를 성찰해 보고 분발할 수 있는 기회를 놓치고 있다는 안타까움을 크게 느꼈다. 이는 사회공기로서의 역할을 용기 있게 제대로 하지 못하는 근시안적이고 비생산적인 우리 언론과 종교계의 자화상이라 할 수 있다. 이런 이유도 이번에 출판을 자극한 또 하나의 작은 동기가 되었다.

2. 종교 이해를 돕기 위한 거시지표

종교의 사회연관효과 약 50조 원

종교의 사회연관효과와 사회공헌

정부의 산업분류에 따르면 교회, 사찰 등 종교단체는 특수 서비스업종 중 '기타사회단체'에 분류된다. 종교예산을 기업의 '산출액' 개념으로 보고, 그 산출액(예산)의 생산유발효과개념으로 접근하였다. 즉, 기업의 '생산유발효과' 개념을 종교의 '사회연관효과(社會聯關效果)' 개념으로 바꾸어 본 것이다.

사회연관효과 배수 해설

종교는 서비스업종 중, '기타사회단체'로 분류되고 공식적으로 그 예산의 생산유발효과는 2.112배이나, 기타 철강제품 중 1차 철강제품의 생산유발효과 3.111배(*한국은행 투입산출과, 한국기업경영연구원장, 노순규, 2006년 12월)인 것을 기본 배수로 적용하였다. 여기에다 유발효과를 2배 정도를 더해 종교예산대비 5-6배를 생산유발효과(사회연관효과)로 보았다.

이렇게 본 이유는 1) 생산유발효과계산에서 제외된 예를 들면 종교TV 등과 2) 종교단체의 예산 속에 다 반영이 안 된 Y단체 등 기타 종교인단체들의 예산과 3) 종교인들의 범죄예방효과 등을 감안하였다. 물론 보이지 않는 정신적인 유발효과는 여기에 포함되지 않았다.

위에서 제시한 5-6배의 사회연관효과 계산방법은 브룩스가 말한 '1달러 기부는 19달러(19배)의 사회순이익을 창출한다'는 논리로 보면 매우 보수적인 접근임을 알 수 있다.

따라서 기업생산의 이러한 유발효과 개념으로 보면 종교기관들의 아래 항목들은 모두 사회 연관효과가 있는 것임을 알 수 있을 것이다

아래 예산운영항목은 불교와 천주교의 정보가 없기 때문에, 개신교의 예산운영방식을 추정하여 본 것으로 공식항목이 아니며, 다만 종교전체의 예산운영규모도 사회와의 이런 관계성을 확인해 보기 위해서 개신교의 추정예산을 대비시켜 추정해 보았다.

종교예산 운영항목과 사회연관효과 사례

1. 성직자 사례비(생활비) : 사회성 = 실업자대란시대에 고용창출개념(*근로기준법이나 노동법상의 일반근로자하고는 다른 개념의 특수봉사직이지만, 예산항목의 사회연관효과의 이해를 돕기 위해서 편의상 고용개념으로 본 것임을 유의해 주기 바람)

문광부 집계의 2002년 교직자 수(+사무직 및 운전기사 포함) 약 20만 명은 실제로 **2005년 말 전국 산업별 취업자 중 서비스업 종사자수 692만 3천 명의 약 2.9% 점유**, 전체 업종취업자 2천 285만 6천명 대비로는 약 1%에 달한다.

2. 성직자 보험, 퇴직적립금 등 : 사회성
3. 사무관리행정비(사무원, 기사 봉사자 사례비, 인쇄, 사무용품, 회의비 등) : 사회성
4. 교육비(주일학교 등) : 사회성, 가정에서 부모가 못하는 부분을 성경이나 불경으로 심성교육 및 수련회 개최. 개신교계 예산으로만 약 3,000억 원 이상 추정
5. 전도, 친교, 행사비
6. 구제비 : 직접 사회성, 약 3-4천억 원 추정(**대기업재단의 2005년 사회공헌 총사업비 7천5백17억 원의 약 40% 해당**, 수재의연금의 경우, 종교계가 약 60억 원, 기업이 약 700억 원/년)
7. 국내외 선교비 : 국내, 국제의 교육 복지 등 사회성, 해외선교비 연간 약 3천억 원 이상 해당
8. 예배비 : 성인교육 해당, 신앙훈련(사회봉사와 범죄예방효과)과 소위 정신복지(정신적인 위안)
9. 재산관리비 및 제세공과금, 통신, 전기, 냉난방 등
10. 외부지원
11. 자산취득, 적립
12. 부채상환 및 금융비용
13. 기타 교회개척비 등
14. 예비비-지출

* 자료(종교기관의 지출항목): '건강한 교회재정 운영네트워크'에서 46개 교회결산서 중심의 지출항목들을 종교예산의 사회연관효과를 보여 주기 위해서 편의상 참고로 나열하여 보는 것임. 그러나 위 지출항목으로 종교계의 대사회관계 예산운영에 참고할 수 있다면, 교단총회 등 회비는 개신교와 불교가 적정수준의 교단통합을 하고, 이제 양적 교세확장보다 질적 성장노력을 하면 구제비를 10% 수준으로 높여 사회복지항목으로 이전할 수 있을 것이다.

우리 사회속의 **종교 인구는 2005년도 기준 전 국민의 53.1%**로 성장했고, 연간 종교계 전체예산이 약 7-8조 원으로 추정되며, 공적(公的) 업종분류상 '특수서비스업종'인 종교계의 이 예산은 단순한 예산자체가 아니고, 종교계에서 말하는 이른바 눈에 안 보이는 엄청난 정신적, 영적 복지(靈的福祉)를 제외하고, 보수적으로 잡아도 실제로 연간 그 예산의 약 5-6배인 약 50조 원의 사회연관효과가 있는 것으로 추정할 수 있는 것이다.

* **3대 종교 전체예산 약 7-8조 원, 2007년 보건복지부 사회복지예산**(7조9천707억 원)**에 해당**
* **약 20만 명의 직접고용효과**
* **종교기관 사회복지비 지출, 대기업재단 사회공헌지출액의 약 40% 해당**

그 중, 몇 가지 구체적인 사회연관효과 내용은 보수적으로 잡아도 30여만 명 이상의 직접고용효과(3-4대 종교성직자, 사무원, 운전자 등 생활비, 봉사비)가 있다. 또 전술(前述)한 어린이교육을 포함, 각종 사회복지 등 약 1백여만 명의 자원봉사(개신교 교사 약 30만 명, 학생수 약 150만 명, 천주교 교사 약 17,906명, 학생 231,081명, 불교는 미상) 유발효과가 있고, 장학, 국내외 구제와 선교(해외선교사 1만 명 이상) 등을 통한 국위선양효과, 종교TV, 언론사, 출판사 등 운영을 통한 연관효과, 운수장비, 각종 인쇄물, 사무용품, 식품, 여행, 범죄예방 등 사회연관효과가 있는 사실을 발견하게 된다.

또한 이러한 가시적 효과 말고도 우리나라 사회봉사와 기부문화개발을 주도하고, 시민의 문화자원과 영적, 정신적 복지자원으로서 중요한 역할을 담당하고 있는 것도 중요하다. 시와 문학, 음악, 미술, 연극과 체육 등을 통해서도 우리의 일상 속의 물신(物神)주의적 사회풍토 속에서 종교별 교리와 영적(정신적) 교육훈련을 통하여, 숫자로는 헤아릴 수 없는 위로와 희망과 용기를 주고 우리의 영혼을 맑히는 역할을 해오고 있는 사실도 부인할 수 없을 것이다.

프랑스 최고 소설가 **르 클레지오**는 한 우리 언론사(06. 8. 21)와 대담 중 "현대는 이념이 종교를 대체했다. 문제는 이념에는 영혼이 없다는 것이다. 종교의 쇠퇴에도 불구하고 영혼의 문제는 현대의 문학이 다루어야 하는 중요한 테마이다.

작가는 자신이 보고 있는 세계에 영혼을 불어넣어야 한다"고 말한 것을 상기할 수 있다.

2005년 추정 3대 종교계 총예산 : 약 7조-8조 원

1) 불교계 총예산 약 1조6천억 원 : 불교계 사회복지시설의 추정 총 재정규모 230,488,901천 원에서 정부보조금 116,800,965천 원을 빼면(2006 불교사회복지편람 37쪽, '재정' 사항 중에서 인용) 약 1,168억 원이 된다. 이 수치를 참고로 불교계의 총 예산 중, 사회복지비 지출기준을 개신교의 추정치 5-7% 정도와 비슷하다고 보고, 거기에 종교인구와 교세 등을 감안하여 보수적으로 계산할 경우임.

2) 개신교 예산 약 4조 원 : 장로회(통합) 1조1.670억 원, 감리회 약 8천억 원, 기성 약 2천5백억 원을 갖고 그 외의 교단들의 신자수를 감안하여 추계했다.
   *자료 : 개신교 예장통합, 감리회, 기성

3) 천주교 예산 약 2조 원 : 〈'사회변동과 한국의 종교', 285쪽, 1987년 한국정신문화연구원〉에서 발표한 개신교와 천주교의 법인재산 현황과 연간 수입액, 약 5:3비율을 근거로 하고 그 후 천주교보다 저성장한 개신교의 교세와 개신교 예산추계 대비 보수적으로 반영하여 작성한 것임.

* 본 자료는 전체 종교계의 사회연관효과를 긍정적으로 보여 주기 위해 작성한 것으로, 다른 목적으로 이용되지 않기를 바라고, 실제와 추정치는 상당히 다를 수 있음을 이해해 주시기 바람.

이런 일련의 여러 사회속의 기여가, **종교세**(宗敎稅)로 종교단체가 운영되는 독일 등과 달리, 주로 신자들의 신앙심에 따라 자발적인 헌금(시주와 운영수입)과 봉사로 이루어지고 있다는 사실을 이해하는 것이 기본적으로 종교와 사회와의 건전한 관계의 출발을 위해서 매우 중요하다. 또, 이런 건전한 관계를 통해서 좋은 종교가 개발되고, 더 좋은 사회를 열어 가는데 매우 중요한 동력이 발생할 수 있다고 보는 것이다.

성직자 납세문제와 재정운영의 투명성 문제

이런 관점은 막대한 인적, 물적 자원을 가진 종교가 무엇을 하고 있느냐? 등의 종교에 대한 강한 비판적 입장도 이유가 있을 수 있지만, 위에 기술한 것과 같은 조금 더 균형 있는 정보를 가질 때 종교에 대한 생산적인 관점이 도출될 수 있을 것이며 이제 종교들도 자발적으로 회계의 투명성을 높이며 성직자 납세문제나 수입의 10% 구제 같은 새로운 변화도 추구하게 될 것이라고 믿는 것이다.

실제로 우리 종교는 별표와 같이 많은 인적 물적 자원과 함께 교당(교회, 사찰)수도 9만여 개에, 교직자 수가 주요종교만으로도 약 20만 명에 이르고(교직자 개념과 자료상의 현격한 불확실성이 있는 '기타종교' 및 '유교' 등의 성직자 수는 제외시켰음), 정부와 긴밀한 파트너로서의 관계성을 갖고 노인, 장애인복지시설 등 사회복지부문(* 노인, 아동, 장애인 등 **10여 종의 모든 사회복지시설의 약 80%를 종교기관과 종교인이 운영**하고 있다) 뿐 아니라, 성직자인 군종장교들의 군장병 정신교육에 이르기까지 점차 그 종교의 역할이 우리 사회 속에서 확대되고 있는 추세이기도 하다.

〈표. 종교별 교세 현황〉   2002년도 현재(단위 : 명)

종교/구분	종파 수	교당 수	교직자 수
불교	105	22,072	41,362
개신교	170	60,785	124,310
천주교	1	1,258	12,536
원불교	1	520	2,455
유교	1	730	**31,833**
천도교	1	283	**5,670**
대종교	1	109	358
기타종교	44	4,992	**280,685**
계	324	90,749	**499,209**

자료 : 문화관광부 '한국의 종교현황', 2002년

* 기타 종교의 교직자 수와 유교, 천도교의 교직자 수에 대해서는 문광부에서 그 정체를 잘 확인할 수 없었다.

> **종교기관 사회복지비 지출, 대기업재단 사회공헌지출액의 40% 해당**
>
> 종교계의 직접 사회복지지출금액 규모가 종교의 7~8조원 전체 예산의 약 5%로 보았을 때에도 3천여억 원이 추정되므로, 2005년도 대기업의 재단을 통한 사회공헌활동(주로 교육, 문화, 사회복지사업 지원) 총 지출액 7천517억 원의 약 40% 이상에 해당한다.
>
> (*자료 : 종교의 사회복지비 지출은 필자가 보수적으로 본 추정치이고, 기업재단지출액은 '2005 기업재단 사회공헌백서', 전국경제인연합회, 2006년)

정부도 인정하는 것처럼 주요 종교단체나 종교인들이 이런 문제들을 해결하기 위해서 각종 사회복지시설이나 아동보육시설 등 여러 부문에 걸쳐서 정부와 협력하기도하고 있고, 장애인 등 각종사회복지법인 같은 법적인 시설운영 뿐만 아니라, 각종 미신고시설, 독거노인과 장애인을 위한 방문 봉사, 실직노숙자, 외국인 노동자, 의료봉사와 방과후 교실, 환경, 범죄, 통일, 미혼모, 사학(私學), 보육, 교도소재소자, 풍수해문제, 상담전화, 탈북자 돕기, 농산물 직거래, 유산 안 남기기 운동 등 국내외 걸쳐 다양한 대상에 대해서, 겉으로 드러나지 많은 노력을 하고 있는 것도 사실이다. 이런 노력은 국내뿐 아니라 대북 및 해외 인도적 지원에 걸쳐 있다.

경제적 이유 등으로, 10만 명당 28.3명이 사망하는 40대(代) 자살률(OECD 국가 중 제일 높은 우리나라 전체 자살자 12,047명 중, 40대가 2,356명으로 19.6%, 또 이 40대 사망 중, 암으로 인한 사망 다음으로 2위, 통계청, 2005년 사망원인 통계)도 우리 사회에 큰 문제의 하나다. 그러나 고용 없는 성장은 지속되고, 입시과열 등, 정부노력의 효과는 매우 부족하고 역할 범위가 한정되어 있는 반면, 종교 내 법에서는 살인, 살생을 금할 뿐만 아니라 인내와 희망을 주는 종교교육은 자살예방에도 보이지 않게 크게 긍정적인 영향을 주고 있다고 할 것이다.

이제 증가수가 한계에 도달한 것으로 보지만, 타종교보다 그 수가 많아 부정적으로 비춰지기도 하는 교회들이 헌혈, 장기, 골수기증과 같은 공동선을 행하는 장소와, 어린이 방과후 교실이나 실버교실, 결손자녀 손(孫)의 지역아동보건센터의 대부분도 이 공간에서 이루어지고 있는 것이다.

<표, 종교인구>　　　　　　　　　　　　　　　(2005년) (단위 : 천명, %)

	1985 인구 / 구성비 %	1995 인구 / 구성비 %	증감 % 85-95	2005 인구 / 구성비%	1985-2005년 증감 % 20년간
총 인구	40,419 / 100.0	44,554 / 100.0	8.9	47,041 /100	16.3
무종교	23,216 / **57.4**	21,953 / **49.3**	-5.4	22,070 / **46.9**	**-4.9**
종교인	17,203 / **42.6**	22,598 / **50.7**	31.4	24,971 / **53.1**	**45.1**
불 교	8,059 / 19.9	10,321 / 23.2	28.1	10,726 / 22.8	33.1
개신교	6,489 / 16.1	8,760 / 19.7	35.0	8,616 / 18.3	32.8
천주교	1,865 / 4.6	2,951 / 6.6	58.2	5,146 / 10.9	176.0
원불교	92 / 0.2	87 / 0.2	-5.4	130 / 0.3	41.3
유 교	483 / 1.2	211 / 0.5	-56.3	105 / 0.2	-78.3
기타종교	175 / 0.4	268 / 0.6	53.1	247 / 0.5	41.1

* 자료 : 통계청 '사회통계조사보고서'

　　기독교(개신교+천주교) 인구는 처음으로 불교인구보다 1985년 29만5천명을 추월한 데 이어, 1995년에는 139만 명, 2005년에는 3백3만6천 명 많은 것으로 나타났다. 이는 1600여 년의 불교역사 속에서 종교인구의 큰 변혁을 의미한다. 이에는 천주교의 대폭적인 증가도 영향을 주고 있다.

사회 환경변화와 종교의 한계

　　16년 전(1990. 9. 14.), 63빌딩 대회의실에서 행한 여의도클럽(TV, 방송, 국장급 친목회)의 연례토론행사에 연사로 초청되었던 김수환 추기경이 "종교인구가 이렇게 많은데 우리 사회는 왜 범죄와의 전쟁까지 선포해야 합니까?"라는 사회자의 질문을 받고, 잠시 생각에 잠긴 뒤 "종교인의 한 사람으로서 참으로 유감으로 생각한다. 그러나 우리 사회에 이런 종교마저 없었다고 생각해 보십시오. 사태는 한층 더 심각할 것입니다. 그런데 TV에 종사하는 여러분! TV는 사회교육적 효과가 종교보다 백배, 이백배의 위력을 갖고 있다는 사실을 유념해 주시기 바랍니다."라고 고언(苦言)을 했던 것을 상기하게 된다. 지금은 그 때보다도 더욱 종교환경이 악화된 가운데 종교가 존재하고 있다는 사실 또한 부인하기 어렵다.

　　종교도 사회문화적 실체의 하나이고 안방을 드나드는 인터넷이나, 매스미디어 등 국제적인 인간성 파괴정보의 범람이 지구촌을 장악하고 있는 어려운 환경속의 종교라는 입장을 이해할 때 지금의 종교를 조금 더 이해할 수 있다.

예를 들면 인터넷 등 어린이 청소년들을 유혹하는 정보가 넘쳐나는 사회 환경 속에서 입시문제 등으로 가정교육까지 파괴되고 학교 도덕윤리교육도 제대로 하지 못하는 상황이다. 그러나 전술한 바와 같이 교회를 위시하여 성당의 주일학교 어린이 청소년 교육기관에서 매주일, 그리고 봄가을 야외교육행사 등에 평균 5~10여년 경력의 약 30만 명의 대학생 등 20~30대 젊은 연령대의 평신도 자원봉사교사들이, 약 180만 명(2005년 교육통계연보, 유치원~고등학교학생 수 합계 836만 7,779명의 21.5%)의 어린이와 청소년들에게 성경을 가르치는 봉사를 하고 있다. 〈표 7-2〉 이런 사실은 주5일 근무제, 향락문화와 이기주의가 팽만한 사회에서 놀라운 일이 아닐 수 없는 것이다.

주일학교 예산 추계와 종교인 봉사자의 계층성향

주일학교 예산만도 **약 3~4천억 원**에 이를 것(종교계 전체 예산의 약 6~7%로 추정했을 때, 종교의 사회복지예산과 맞먹는 수치임)으로 본다.

젊은 연령 대 신자 중 약 20%가 주일학교 교사 등에 봉사하고 있고 장애인, 호스피스, 독거노인 등 봉사자까지 합치면 상당한 자원봉사가 우리 사회 종교인들에 의해서 이루어지고 있는 사실을 확인하게 되는 것이다.

그런데 이런 종교적 봉사자의 대부분은 경제적으로 그렇게 유복한 사람들은 아닌 평범한 소시민들이라는 사실에 주목하게 된다. 이것이 종교의 가치를 말해 주고 있기 때문이다.

* 이들 봉사자(교사)들은 아무런 사회의 인증도 안 받고 순수한 신앙심에 의한 자원봉사로 일관해왔다. 그러나 최근 **천주교의** 한 기관에서 독거노인과 소년, 소녀가장 돕기 등 주일학교의 실천프로그램 참여자들을 더 확대하기 위한 한 방법으로 주일학교 봉사자들에게 **봉사활동 효력인증 제도**(봉사학생 소속 사회학교에서 효력을 인증 받을 수 있도록 하는)를 추진하고 있는 것은 변화된 사회 환경 속에서 종교와 사회와의 좀더 효과적 발전을 향한 시험적 방법으로 보인다.

이런 현상은 이기주의가 넘쳐나는 사회에서 "민주적 자유를 수호하기 위해서는 시민의 이기심을 완화시키는 종교의 역할도 중요하다"는 정치사상가 **토크빌**의

말에 부응하는 것이기도 하다.

사학법이 재개정된 것은 그나마 다행이지만 아울러 **예배(예불) 등 종교행사가 보호되어야 한다.** 그러기 위해서는 **입학 제도를 현재의 무작위 배정제도를 지양하고 배정지원 제도를 운영하면 되는 것**이다.

군대에도 군종감 제도가 있는 이유를 생각하면, 가정교육, 학교교육이 실패하고 있는 상황에서 사회교육에서 종교교육의 자유도 필요한 이치이다.

미국 종교교육의 실패

뒤돌아보면 케네디 전 미국대통령은 큰 인기가 있었지만, 미국의 오늘날의 폭력 등 범죄현상과 천문학적 범죄비용을 보며, 케네디가 학교에서의 신앙교육을 금지한 후 종교성이 무너졌기 때문이라는 미국사회의 평가가 설득력을 얻고 있는 사실을 타산지석으로 삼아야 한다. 7년 전인데도 필자가 히로시마를 방문했을 때, **일본에서는 기독교 성직(목사, 신부)을 3D업종으로 인식**한다는 말을 들은 일이 있다. "잘 먹고 잘사는데, 사서 힘든 일을 무엇 때문에 하느냐"는 것이 그 이유였다. 우리 사회 일부종교는 성직자 과잉 현상과 그에 따른 자질이 매우 심각한 시점에 있는 것도 큰 문제이지만 실제로 사회 환경의 영향을 받아, 이제 한국의 한 종교계의 경우도 성직자 지망생이 적어지지 않을까 하는 우려가 있는 것으로 전해지기도 하는 상황에 진입하고 있는 것이다.

종교단체들의 연대활동

종교단체들도 종교인평화회의체를 만들어 다종교국가속의 화합의 모형을 쌓아가고 있고, 11개 종단이 이제 시작단계에 지나지 않으나 한국종교계 사회복지대표자 협의회나, 사회책임투자운동(CCSR), 그리고 환경단체실천협의회도 만들어, 사회복지나 환경보호를 위해서 노력해가고 있다. 3대 종교 평신도들도 '종교NGO Network'을 만들어 종교 간의 대화를 통해서, 각 종교의 선언 가치를 각각 실천하려고 노력하고도 있다.

특히 대북 인도적 지원문제도 종교단체들이 각개노력과 함께, 10여 년 전부터

'우리민족 서로 돕기 운동본부'도 만들어 대북 인도적 지원에 큰 몫의 공동노력을 해오고 있다(종교단체들의 최근 연평균 대북 지원 액수는 우리 전체 국민 1인당 2,000원을 넘는다). 또 한층 더 노력이 필요하지만 제도권 주요종교들은 엄청난 수의 우리 사회악의 하나인 **사이비종교의 폐해를 방지**하는 또 하나의 숨은 역할을 하고 있다.

* **제도권 종교의 역할** : 사이비종교의 수와 심각성에 대한 2004년 한국갤럽의 조사에서 사이비종교인 수가 '아주 많다'가 95.1%, 심각성에 대해서도 91.2%가 '그렇다'고 답변하고 있다. 제도권 종교들의 끌어안는 노력이 더욱 요청되는 부분이다.

3. 접근방법

조사대상 종교 및 항목

비교대상 종교선정은 자료 취합의 어려움과 기본적으로 통계적 의미를 갖기 위해서 제도권 종교 중, 3대 종교를 중심으로 하였으나 자료가 있는 종교에 대해서는 극히 일부 예외를 인정 할 수밖에 없었다. 따라서 불교, 개신교, 가톨릭을 원칙으로 하고(예외적으로 원불교) 무종교의 4~5개 그룹을 비교분석 대상으로 하였다. 그리고 사회복지시설뿐만 아니라 의정활동, 범죄분야(준법)에 이르기까지 분석대상 모든 항목들을 넓은 의미의 사회복지개념으로 접근하였다.

조사방법

우선 종교에 대해서 편향적이고 가치선택적인 입장을 취하기보다는 중립과 공평한 자세를 견지하려고 노력했다. 이를 위해 실효성과 객관성과 투명성, 공정성을 위하여 실증적 객관적 통계자료 중심으로 접근하려고 하였다. 그리고 항일광복, 자유와 평등, 인권과 문화 등 봉사를 통해서 종교가 한국 정치 경제의 근, 현대화과정에 크게 기여한 것과 같은 거대한 역사적인 문제는 다루지 않았다. 또 지난 20여 년 동안이나 여러 차례에 걸쳐서 학계에서나 종교계에서 규명해 왔던 종교윤리나 비교종교학 또는, 종교사회학적 관점에서의 원론적이며 그리고 형이상학적이고 난해한 종교이론에서 벗어나, 사회에 대해서 모든 건전한 제도권 종교가 갖고 있는 보편적 으뜸가치(이웃 사랑과 자비심), 즉

(1) 우리 종교단체나 종교기관, 종교인들이 지켜야 할 덕목인 종교의 법(자비와 이웃사랑의 계명(율))과

(2) 사회법(형법등) 등 사회속의 보편적 가치들을 어떻게 지키며 종교(무종교) 집단별, 종교인별로 차별화가 되고 있는가를 조명해 보았다.

그러기 위해서 먼저 자료 발굴과 확보가 가능하고 종교 실천의 우선순위가 높은 30여개 부문중심으로 확대하여 비교평가를 시도하게 되었다.

각 복지시설은 노인과 사회복지관을 빼고는 모두 시설과 정원수를 조합하여 평가하고 통계해석의 적합성을 위하여 나타난 수치대로 **절대적 평가**와 함께, 종교(무종교)별 인구수를 대비한 **상대평가**도 병행하였다. 또 의미성과 공정성을 위하여 각 평가항목 대부분을 1년으로 하지 않고, 가능한 최근 3~4년 이상 시계열적으로 분석하려고 노력하였다. 그 중 대표적인 것으로는 범죄분석이 있는데, 무려 28년간을 누적으로 비교해서 평가했다. 그러나 이 28년 기간분석은 1985년 통계청에서 처음으로 개신교와 가톨릭을 분리하여 종교인 통계를 작성하기 전의 대검찰청 범죄분석지에는 개신교와 가톨릭을 합친 것을 기독교로 통계를 작성했으므로 이 분류에 따라 분석할 수밖에 없었다는 것을 밝혀 둔다.

그리고 종교별 범죄분석에서 이렇게 28년간이나 지난한 누적분석을 한 이유는 민감한 부분일 뿐만 아니라 대검찰청 〈법죄분석지〉의 통계에 대한 일부 종교학계의 대안 없는 불신을 극복하려는 의미도 있었다. 이를 위해서는 1990년대 중반, 수개월에 걸친 경실련 경제정의연구소 요원들의 헌신적인 노력이 없었다면 도저히 불가능한 일이었다.

적극적인 종교윤리와 소극적인 종교윤리

그리고 종교별 비교항목은 노인, 아동, 자애인 시설과 사회복지관 등 4대 사회복지시설을 중심으로 10개 분야의 사회복지시설 설립 실태와 교육기관 설립, 수재의연금, 대구지하철 화재를 비롯한, 대북 인도적 지원, 해외원조 및 의료봉사 등의 구호활동과 헌혈 장기 및 골수기증, 호스피스, 교도소 재소자복지를 위한 교화, 자매결연, 취업알선 등 봉사활동(이상, 하면 할수록 좋은 적극적인 종교윤리), 국정감사 우수국회의원, 각종 범죄현황 종교별(마땅히 지켜야 할 소극적인 종교윤

리) 등을 정부 각 부문, 사회단체, 종교단체, 언론, 국회, 여론조사가관 등 20여 개 이상의 기관에서 가능한 많은 공적(公的) 통계자료를 발굴하여 비교분석하려고 노력하였다.

　그런데 여기에서 마땅히 지켜야 할 소극적인 이러한 종교윤리 즉, 준법 노력이 자율적으로 하면 할수록 좋은 적극적인 노력보다 훨씬 상위의 가치라는 사실을 이번 기회에 새로 인식하게 되리라 믿는다.

제2부 분석결과, 원인분석 및 기대효과

1. 종합분석결과 요약

(1) 사회복지시설 설립 10개 분야
(1997-2005년, 표 1-1, 1-2, 1-3, 1-4)

장애인, 노인, 아동, 사회복지관, 정신요양, 모자보호, 부랑인(아), 미신고시설, 결핵, 한센병, 의료복지 등 주요 사회복지생활시설 설립(사회복지관은 이용시설) 10개 분야(표들 참조)에서 대체로 개신교가 절대적으로나 상대적으로나 우위(장애인 아동 노인 3대 복지시설의 59.5%)를, 다음이 가톨릭(19.9%)과 무종교 순으로 나타났고, 불교가 제일 낮은 결과(6.6%)를 보였으나 정부에서 근년에 개발한 사회복지관 운영부문에 열심히 참여해 오고 있다. 또 정신요양, 부녀복지, 미신고사회복지시설은 개신교가, 부랑인, 한센병, 결핵환자 부문에서는 천주교가 잘하고 있다.

미국의 사회윤리학자 **니이버(1932)**가 "종교는 사회복지를 낳고 길러 준 어머니"라고 표현한 것처럼, 종교그룹의 신앙은 보수적이되 삶은 진보적, 개혁적이어야 한다는 점에서 종교간의 차이는 있으나 종교전체로 보아서는 우선 양적으로는 상당한 노력을 하고 있는 것을 볼 수 있다.

(2) 3대 종교별 국내외 구휼활동

(1996-2002년, 2002-2003년)⟨표2-1, 2-2, 2-3⟩

4개 구휼활동 부문에서 개신교가 제일 많이 하고(65.5%) 천주교(3.5)와 불교(3.3) 순이고 대북인도적 지원은 종교공동으로 하는 비중이 전체 중 절반(46.0)에 육박하고 있는 것이 특징이다. 또 1995년부터 2001년간 종교 등 우리 NGO가 1억6천만 달러, GO가 4억5천만 달러, 국제사회가 15억 달러를 하고 있다. 최근 3년간 3대 종교 등 NGO의 대북 인도적 지원금액이 우리 국민 1인당 평균 2,071원 이상에 달한다. 해외 빈민국 지원금액도 우리 국민 1인당 1,240원에 달한다.

(3) 의료복지시설

(대학병원)(1997년)⟨표1-5⟩

전체 병원 28개 중 18개(39.0), 병상수는 43%를 종교가 설립했고 그 중 병원 수는 천주교가, 병상수는 개신교가 많고, 상대적으로는 천주교가 가장 많고, 개신교, 불교, 원불교순이고, 평균설립년도는 개신교가 1938년, 천주교가 1959년, 원불교가 1980년, 불교가 1990년이었다.

 * 대학병원은 비영리 의료법인인 바 그 역사성 등을 고려하여 복지시설 개념에 포함시켜 보았다.

(4) 헌혈, 골수, 장기기증, 호스피스 봉사

(1998-2002년, 2002-2003년)⟨표3-1, 3-2, 3-3, 3-4, 3-5, 3-6, 3-7, 3-8⟩

개신교가 4개 분야에서 69.1%를, 천주교가 6.8%, 불교가 3.1%, 원불교가 0.3%, 무종교그룹이 16.7%를 하고 있다.
 * 헌혈은 교회, 성당, 사찰에서 한 것만 집계하였다.

(5) 교정복지

(2002-2003년) 교도소 재소자와 출소자를 위한 봉사 및 지원(2002-2003년)〈표4-1, 4-2, 4-3〉

종교위원 자매결연, 불우수용자 및 가족 돕기, 새신자 수 분야에서 개신교가 50.8%, 불교 24.9%, 천주교 21.1%이고, 그 중 불우재소자 및 가족 돕기는 개신교, 천주교 불교 순이다.

(6) 해외선교사 활동, 수

(2002년)〈표5-1, 5-2〉

개신교가 91.7%, 천주교 4.5%, 불교 1.7%, 원불교 1.1% 점유하고 있으며, 진출국 160개국 이상이다.

* 〈지구촌을 바꿔놓고 있는 한국선교사 8,200명(세계 제4위)의 大役事〉. 월간 조선 200년 9월호.
* 2005년 선교비 약 3,000억 원 이상 추정. 부록 참조.

하지만 이번 2007년 아프간 의료봉사단 피랍사건을 경험으로 개신교는 신앙열정에 걸맞게 한층 더 지혜로운 전략적 접근이 요구되고 있다.

해외의료선교사활동은 개신교가 7개국에 연 392명을 단기 파송하여 16,000여명을 진료하고 7개 병원을 세워 연간 약 30만 명의 환자를 진료하고 있는 등 절대적 우위를 차지하고 있다. 1989년부터 산발적으로 해 오던 천주교도 2007년부터 해외의료선교협회를 만들어 본격적인 활동에 들어갔다.〈표5-2〉

(7) 국정감사 우수국회의원 종교별 현황

(16대, 17대 국회 3년)〈표6-1〉

1) 국정감사우수의원은 개신교가 절대 우위를, 다음이 천주교 불교순이다. 상대적으로는 무종교그룹이 우위에 있고. 천주교와 개신교, 불교 순이다.

2) 장기기증 서약 : 개신교 48.1%, 천주교 22.1%, 불교 7.7%, 무종교 22.1% (합계 104명)

(8) 사회교육사업

(종교대학 포함)(2002년)〈표7-1, 7-2, 7-3〉

초, 중고, 대학, 대학원 학교 수, 개신교가 74.9%, 천주교 19.8%, 불교 5.3%이고, **지역아동정보센터**(빈곤층 조손, 모자, 부자 가정으로 학교교육과 가정교육의 보완적 봉사기관)는 개신교가 72.3%, 천주교 7.5%, 불교 1.3%, 기타 1.6%, 무종교 16.1%이다.

(9) 범죄분야

1) **형사범죄**(형법범)(재산, 살인, 강도, 성폭력 등 강력, 공무원, 풍속, 기타범죄) 〈표8-1〉

3년간 불교가 전체 중, 16%, 개신교 10.0%, 천주교 2.2%, 원불교 0.2%, 기타종교 0.4%, 무종교그룹 44.4%인 바(미상 23.8%), 무종교그룹이 종교그룹 전체 32.0%보다 약 40%가 높다.

범죄 1인당 종교(무종교)인구 순위 : 종교그룹 1명/35.8명, 무종교그룹 1명/22.8명, 원불교 1명/29.8명, 불교 1명/31.0명, 개신교 1명/39.5명, 천주교 1명/105.3명

- 특별법범 최근 3년간 종교별 성적은 형사범죄와 비슷하므로 비교를 생략했다.

〈2006년, 전체 범죄 및 경제적 손실비용 약 80조 원〉

-국민 1인당 약 1,700,000원. 이는 국민 1인당 납세액 3,474,481원의 약 49%에 해당!

2) 28년간 종교(무종교)별 형사범죄자 수 증감현황〈표8-2〉

1963년~2005년 42년간에는 약 15배 증가하고, 1964-1992년 28년간 누적평균 대비 지난 3년간은 약 7.9배 증가했다.

3) 특별법 중 11개 생활관련 분야 위반 종교별

교통사고, 변호사법, 병역법, 탈세, 윤락행위단속법, 식품위생법, 환경법, 청소년 성보호법 등.

* 교통사고처리특례법 위반 무종교 55.6%, 종교그룹 24.2% 〈표9-1〉

절대, 상대적 순위는 불교 10.7%, 개신교 7.6%, 천주교 1.3%, 원불교 0.2%.

* 변호사법 위반〈표9-2〉

종교그룹 274건, 무종교그룹 205건으로 무 종교그룹이 높은 점이 특징이고, 불교 145건, 개신교 87건, 천주교 19.7건순이고, 전체 변호사회원 수 대비로는 **위반율이 무려 13%선이나 되나,** 변호사법 위반은 변호사 회원이 아닌 자도 포함되므로 순수 변호사회원만의 위반 비율은 낼 수 없는 것이 앞으로 해결해야 할 과제다.

* 병역법 위반〈표9-3〉

종교그룹, 6,270명, 무종교그룹 8,977명으로, 개신교 2,533명, 불교 1,972명, 천주교 486.3명, 원불교 34명(기타종교 1,178명) 순으로 무종교그룹을 제외하고는 개신교가 가장 위반이 많은 것이 특징이다.

연간 입대장정 수 약 27만 명의 약 7%나 해당으로 우리 사회의 심각한 개인이기주의의 단면을 볼 수 있다.

* 조세범처벌법 위반〈표9-4〉

종교그룹 32.2%, 무종교그룹 34.4% 상대, 절대분석, 위반 순위, 불교 15.9%, 개신교 9.9%, 천주교 2.1% 순이다.

* 윤락행위방지법 위반〈표9-5〉

종교그룹 37.8%, 무종교그룹 53.9%로 종교그룹의 약 1.4배의 특징. 불교가 24.1%로 상대적으로나 절대적으로나 매우 높은 점이 특징이고, 개신교 9.1%, 천주교 2.4% 순.

* **식품위생법 위반**〈표9-6〉

종교그룹 46.6%, 무종교그룹 42.6%. 상대적 균형. 불교가 28.3%로 상대적으로나 절대적으로나 매우 높은 점이 특징이고, 개신교 11.8%, 천주교 3.1%.

* **환경법 위반**(대기, 분진 폐기물)〈표9-7〉

종교그룹 22.5%, 무종교그룹 22.3%, 불교 11.6%, 개신교 7.3%, 천주교 2.0%.

* **개발제한구역의 지정 및 관리에 관한 특별조치법 위반**(부동산 투기관련)〈표9-8〉

이 부문은 종교인 그룹이 무종교인그룹보다 위반이 많은 것인데, 불교의 높은 위반이 종교계 전체 위반을 높이는데 결정적 영향을 주고 있다.

* **집회와 시위에 관한 법률 위반**(불법데모)〈표9-9〉

무종교그룹이 종교그룹보다 약 2.2배나 높은 위반. 종교 중에서는 개신교가 높은 점이 특징이다.

* **청소년 보호법 위반**〈표9-10〉

무종교그룹이 높고 상대적으로는 불교가 제일 높고 개신교, 천주교, 원불교 순이다.

* **청소년 성(性)보호법 위반**〈표9-11〉

무종교그룹이 종교그룹보다 약 1.5배 높고 불교, 개신교, 천주교 순이다.

종교의 정체성은 범죄비용은 물론 다음에 예시하는 엄청난 여러 사회비용을 최소화시키는 것을 포함하고 있다. 역시 종교그룹이 무종교그룹보다 절대적으로나 상대적으로 범죄가 적을 것이라는 학계나 사회의 통념과 기대에 조금 더 부응하는 구체적 효과가 있는 것으로 확인된 것도 작은 성과라고 본다.

또, 종교간, 종교와 무종교그룹간의 범죄율의 우열의 차이가 그 범죄항목별로나 시계열로나 거의 분석대상 부문 전체에 걸쳐서 비슷한 흐름으로 연결되고 있다는 점도 조사의 의미를 뒷받침하여 주는 것으로 해석할 수 있다.

특징 : 천주교가 범죄율이 현저히 낮다는 것(종교그룹의 약 2.9배, 무종교그룹의 약 4.6배).

이렇게 낮은 원인은 종교별 학력대가 평균수준인데도 불구하고 **"믿음과 함께 선행으로 구원받을 수 있다"는 교리에 대한 신앙교육의 강조효과**가 아닌지 연구할 과제이다.

종교그룹 내에서는 기독교에 비해서 고학력대가 적은 불교가 범죄율이 높은 것으로 나타났다. 이 점은 대검찰청의 〈범죄분석지(誌)〉에 나타난 학력대별 범죄율 통계와 연결되고 있다. 그러나 특기할 것은 무종교그룹이 종교그룹에 비해서 범죄율이 높은 점은 대검찰청의 범죄분석지에 나타난 학력대별 범죄율 통계 중, 저학년(초중고교) 출신의 범죄율이 고학력에 비해서 평균적으로 매우 높다는 경험적 통계와는 맞지 않는다는 것을 알 수 있다. 왜냐하면 종교그룹의 저학력(초등과 중, 고등) 비율이 무종교그룹보다 높기 때문이다. 이것은 범죄예방 기능으로서의 종교의 가능성도 시사하는 또 하나의 중요한 단서로 볼 수 있기 때문이다.

2. 전체결과에 대한 직·간접 원인분석

이렇게 사회복지나 봉사 및 범죄 등 여러 분야에서 비슷하게 종교 간, 무종교와 종교 간에 차이가 나는 것을 어떻게 해석할 수 있는가 하는 문제는 쉬운 일은 아니다. 다만,

ㄱ. 종교별 신념체계와 도래와 개발과정의 역사 문화적 전통과 체제의 차이.
ㄴ. 종교성의 차이 즉, 자기종교에 대한 신앙정도의 깊이(구원 또는 내세에 대한 확신)에 따른 금욕과 경건성과 선행, 봉사정신의 차이 등으로 분석할 수 있을 것이다.
ㄷ. 평균학력 정도의 차이(특히 범죄 부문).
ㄹ. 음주문화의 차이 등을 들을 수 있고,

절대적인 것은 아니지만 대체로 이를 뒷받침하기 위해서 참고로 다음과 같은 **2004년 한국갤럽의 〈한국인의 종교와 종교의식〉** 조사내용 중에서 종교 간의 차이가 나는 요인들을 찾아보았다.

(1) 자기 교당 집회참여 빈도와 명목상의 신자비율(아래 표)

종교성훈련과정의 중요한 하나의 지표인데도 종교 간에 최고 약 8배나 차이가 나고 이 지표는 아래표의 경전읽기와 기도, 기복신앙 등과도 밀접하게 연결되는 중요한 지표로 볼 수 있다.

종교 집회 참여 빈도 및 명목상의 신자비율

아래 표의 내용들은 2004년도 한국갤럽의 '한국인의 종교와 종교의식' 조사내용과도 통계청 조사 자료와 거의 동일한 흐름이다.

일주일에 1회 이상 종교의례 참여빈도에서 1984년에 비해서 개신교인이 61.8%에서 71.0%로 증가, 천주교인이 66.2%에서 42.9%로 감소, 불교인은 10.1%에서 3.5%로 감소하였다.

자료 : 통계청 사회통계조사 단 1회, 1991년

종 교	불 교	기독교	천주교	유 교	원불교	천도교	기 타	종교전체1인당 참여 빈도/년
								종교전체 명목상신자 비율
1인당 평균 집회참여 빈도/년	7.8회	65.3회	51.7회	3.8회	29.8회	27.0회	48.1회	34.9회
* 명목상 신자비율 평균 1-2회 이하 출석/년	54.2	11.4	17.3	80.4	28.3	30.8	23.8	35.2

* '명목상의 신자비율'은 출석을 교육훈련을 받는 기회 등을 감안한 통계적 기준에서의 접근임을 이해해 주시기 바란다.

종교별 교당출석빈도

가장 중요한 종교성훈련장인 동시에 다양한 계층과 직업인이 같이하는 신앙공동체의 건전한 교제로의 장(場)이 될 수 있다는 점이다. 즉 사회의 일반지식과 실패나 성공의 경험, 건강 등의 정보가 공유되고 문제해결방법이 자연스럽게 논의되는 기회가 되므로 인격적 성숙뿐 아니라 건전한 사회경쟁력을 가질 수 있고, 자연스럽게 헌금과 봉사의 기회로도 작용하여 종교 내외에 대한 실천력을 나타낼 수 있는 관계성을 가질 수 있는 좋은 기회의 특성을 갖는다는 점이다.

실제로 미국 M.I.T.대학교 경제학과의 **조녀선 그루버**는 전미경제연구소

(NBER)가 발간한 논문(05년10월26일), "종교 시장구조, 종교참여와 결과-종교는 유익한가"에서, 종교 참여빈도가 두 배가 되면, 가계소득이 9.1% 증가한다고 밝혔다. 또 교회참석율이 높을수록 학력, 소득수준과 결혼율이 높은 반면, 이혼율과 복지지원금 수혜율, 장애인 비율이 낮았다. **그루버**는 신앙심이 강해질수록 일상의 문제들에 대한 스트레스가 줄어들기 때문에 교회에 자주 가는 사람은 노동시장과 결혼시장에서 성공하기 쉽다고 설명했다. 종교 커뮤니티는 개인에게 사회적 관계망과 구직기회도 넓히는 장인 동시에, 일종의 '정신적 보험'으로 기능함으로써 경제적 실패의 위험성도 줄일 수 있다고도 발표했다.

한국에서도 옛날에는 '교회를 연애당'이라고 말하던 때가 있었다. 그런데 그것은 교회 내 만남과 봉사과정을 통해서 자연스런 이해관계가 형성되게 되고, 건전한 결혼으로 진입하는 과정으로 이해될 수도 있을 것이다. 그리고 그 결혼은 교회공동체라고 하는 신앙적 실체가 정상생활에서 일탈하려는 충동(이혼 등)을 견제할 수 있는 보이지 않는 손으로도 작용하게 됨을 알 수 있다.

(2) 신앙심의 정도

신앙심이 깊다는 응답비율이 33.7%(1984년 41.2%)였고, 종교인별로는 개신교인 50.5%, 천주교인 26.8%, 불교인 19.6%로 나타나 1984년도 조사결과 비교할 때 개신교인은 4.3% 증가하고, 불교인과 천주교인은 각각 15.5%, 21.9%나 크게 감소한 것을 참고할 수 있다.

다음은 **종교가 일상생활 속에서 얼마나 중요한지에 대해서도** '중요하다'고한 응답은 개신교인이 89.9%, 천주교인이 82.1%, 불교인이 68.2%, 비종교인은 29.43%로 나타났는 바 불교가 1984년에 비해 20%나 감소하고 종교 전반적으로도 큰 감소세를 나타내고 있다.

(3) 성직자의 자질과 만족도

	품위 없는 부적격성직자 없다(A)	성직자 역할에 대한 만족도(종교인별)(B)
개신교	16.1	83.2
천주교	21.5	78.5
불교	11.2	88.4

* 이 A와 B의 설문응답은 의미성이 잘 연결되지 않는 점이 있다. 그러나 A는 품위와 자격 있는 성직자 수가 매우 적다고 하는 의미이다. 이제라도 무분별한 종교대학 설립경쟁에서 벗어나서, 적정 성직자 수급계획의 확립과 성직자의 품위와 자질을 높이기 위한 질적 교육을 강화하는 새로운 노력이 시급하다는 것을 뒷받침하고 있다.

(4) 경전 읽는 빈도와 기복신앙

	읽는 빈도	읽지 않는 빈도	기복신앙	기도 빈도
개신교	49.2	11.1	10.5	59.3
천주교	16.3	33.4	7.5	27.8
불교	8.4	55.2	19.3	13.8

(5) 절대자의 심판설과 천국/극락신뢰

	절대자의 심판	천국/극락
개신교	63.5	80.9
천주교	35.2	57.3
불교	11.4	35.4
무종교	6.8	18.7

(6) 종교헌금 : 교계발전과 사회기여의 힘

〈1/10조〉, 개신교 : 46.2%, 천주교 : 15.3%, 불교는 1/10조가 없고, 1년 2회 이하가 49.3%이다.

(7) 자기종교기관 외의 자비와 사랑 실천

개신교 : 73.8%, 천주교 : 63.3%, 불교 : 56.9%, 무종교 : 45.9%

(8) 인생의 중요한 가치관

	건강	돈/잘사는 것	사랑	믿음
개신교	29.1	18.3	7.2	11.4
천주교	35.3	20.6	4.4	5.6
불교	52.2	17.7	3.1	4.0
무종교	34.2	23.5	3.7	7.6

(9) 학력

교육수준별 종교인 분포 2004년　　〈한국인의 종교와 종교의식〉, 한국갤럽, 2004년

	불교	개신교	천주교	종교 소계	무종교
초등졸 이하	**43.8**	11.0	4.4	**59.2**	**39.2**
중졸	24.7	20.5	4.6	49.8	50.1
고졸	24.8	21.0	6.8	**52.6**	**46.1**
대재이상	15.6	26.6	8.4	**50.6**	**49.0**

교육정도별 형법범 범죄율　　　　　　　　　　　　　　　(2004년)

초등	중등	고등	대졸이상	미상	계
7.6	10.5	38.6	12.9	25.0	100.0

자료 : 범죄분석, 대검. 특별 법범도 비슷한 경향

(10) 음주, 흡연문화의 다과(多寡)의 차이

"한국개신교의 한국 근현대의 사회, 문화적 변동" 중, 음주와 흡연 허용에 대한 설문에 개신교 18.8%, 비개신교 33.7%, 비종교인 34.7%(2003년 현대리서치연구소)등이 관계하는 것으로 보인다. 즉, 남성의 경우 전체범죄의 19.9% 중, 형법범죄의 4.5%, 특별법범의 26.2%가 술과 관계가 있다는 보고서도 이를 뒷받침해 주고 있다.(법무연수원의 '범죄백서', 1995)

조선왕조말 개신교해외선교사들은 금주, 금연을 강조하여 교회법에도 금주를 규정했을 정도였다. 이것은 우리 사회복지 개발에 큰 기여를 해온 것으로 볼 수 있고, 이

런 절주, 절연문화는 지금도 누구나 지속적으로 지켜야 할 큰 가치의 하나다.

◇ **참고 자료** ◇

범죄 및 경제적 손실비용 약 80조 원 추정

2005년도 국내총생산의 약 10%에 해당

 이 통계는 전체 인구 과반수의 종교인과 무종교인그룹별로 또 종교간에 사회법이나 종교법을 지키는 것이 이 중에서 어느 규모정도의 비용을 발생시키는 것인가의 차이를 실감하게 하기 위한 참고자료로 작성해 보았다. 종교의 사회적 효익效益(사회복지노력 등)은 범죄비용은 물론 사회적 비용을 최소화하는 것이 우선순위가 되어야 하기 때문이다.

 또한 이 범죄비용이나 사회적 비용추계는 제한적이고 일부 오류가 있을 가능성이 있을 수 있으나 일단 정부나 민간연구 기관에서도 작성되지 않고 있다는 점에서 이번 기회를 통해서 범죄와 사회비용이 조금 더 정확히 산출될 수 있는 계기가 될 수 있기를 바라고, 종교단체와 일반국민에게는 물론, 국가경영 참고지표로도 새로운 의미가 있을 것으로 본다.

범죄관련 비용

1. 범죄관련 행정비용 : 약 10조 원(2006년 경찰, 검찰, 법원 등 예산)
2. 범죄비용(특별법범 재산피해) : 약 10조 원(2004년 9조3천3백억 원)
3. 교통사고특례법 위반 등 : 약 10조 원(2005년) 사망 6,376명, 부상 34만 2,234명)
4. 불법시위손실비용 최대 약 12조3천억 원(단, 경찰비용은 범죄관련 행정비용 중 수백억 원과 중복)
5. 탈세 : 약 20조 원
6. 산업재해 : 약 15조 원(2004년. 사망 2,493명, 장애인 36,973명 외 부상 4만5천 명)
7. 환경관리비용 약 3조 원(복구, 관리, 예방)(06년) : 환경투자지출 약 8조 1천억 원 ~ 투자수입 약 5조 원

＊ **자료 :** 1) 범죄 관련 행정비용 : 기획예산처
     2) 범죄비용(특별법범 재산피해) : 대검 범죄분석지
     3) 교통사고 : 교통안전관리공단
     4) 불법시위 실비용(2005년 현재 국내총생산의 1.53%)) : KDI: 1997년
     5) 탈세 : A와 B그룹을 단순비례로 적용

* 자료 : A) 12조5천억 원 추정 조세연구원 1994, 8조5천억 원 추정, 선명제 종소세와 부가세 탈루규모 추정, 1999.
  B) GDP대비 지하경제추정규모 : 1994년, 약 5%, 조세연구원. 2003년, 약 1%, 현대견제연구원. 2005년, 약 20.0%, LG경제연구원. 약 28.8%, IMF.
  6) 산업재해: 노동부 안전정책과.
  7) 환경비용: 한국은행 경제통계국,

〈정부의 통계가 속히 구축되어야 할 분야〉
아래 3개 부문, 즉 조세정의와 경제정의를 해치며 각각 연간 10여조 이상의 사회경제적 비용이 추정되는 중요한 분야
* 탈세 규모
* 공정거래법 및 하도급법 위반으로 인한 사회경제적 비용(중소기업 피해 관련)
* 증권거래법 위반 사회적 비용(투자자 손실)

〈기타 사회적 비용〉
* 음주 흡연피해 약 23조 원 : 음주 및 흡연피해 각 약 14조 원과 약 9조 원= 약 **23조 원 사회경제적 손실**비용
  - {세수입(효익) **약 5조원** (주류세 2조3,500만 원+담배세 2조4,479억 원} (2005년)
* 자료 : 1) 음주피해 년 약 14조 원:1997= 보건사회연구원 노인철,
  2) 흡연피해 약 9조 원= 지선하 교수(연대 보건대학원 역학통계학)의 '흡연의 보건사회경제학적 폐해' 2007년 5월 21일
    * 암 사망 : 약 15조 원(2005년 사망 64.731명, 의료 간병, 노동 상실 등, 국립암센터)
  3) 주세=국세청, 소비세제과.
  4) 담배세= 행자부 지방세과,
* 수십조 원으로 추정되는 **예산낭비로 인한 경제적 손실비용**은 포함되지 않았다.

음주로 인한 사회경제적 손실비용

음주로 인한 사회적비용을 노박사는 생산성 감소, 조기사망 손실, 직접적 지출, 의료비등으로 분류했는데 범죄비용은 포함되지 않았다. 흡연피해로 앞으로 5년간 폐암으로 20만 명이 사망할 것으로 본다고(전 국립암센터원장, 박재갑)추산하고 대학입시 때 흡연여부를 가리기 위해서 신체검사를 하자는 제안까지 내놓았으나 채택이 안 되었다. 앞으로 추진해야 할 과제의 하나다. 암으로 인한 사망도 2005년 64.731명에 14~15조원의 사회적 손실이 있을 것으로 추정된다.(2002년 현재 약 10~11조원 추정, 국립암센터 보건정책팀)

범죄원인별 신앙심으로 극복 가능한 범죄원인들

	생활비충당	유흥비	허영, 사치심	사행	원한, 분노	가정불화	유혹	우연	취중	기타
91년(100%)	**6.0**	2.8	1.3	3.6	1.8	0.6	1.5	**15.9**	**3.1**	63.4
05년(100%)	**2.3**	0.9	0.2	2.2	0.3	0.8	0.5	**27.5**	?	60.6
원인별 극복 가능한	↑ 근면	↑ 절제	↑ 경건	↑ 금욕	↑ 용서,자비	↑ 사랑	↑ 금욕	↑ 선악관	↑ 금주	

* 범죄원인별 종교적 반응 자료 : 대검찰청 〈범죄분석〉

3. 기대되는 분석효과

(1) 종교단체들의 국내외 기여도 확인

3대 종교를 중심으로 국내외적으로 사회복지, 구휼활동 등 다양한 활동모습을 확인할 수 있었는바 대북 인도적 지원은 물론 120여 개국 해외빈국 원조에도 종교의 비중이 매우 크고 매년 빠른 속도로 증대되고 있는 것을 확인할 수 있었다. 그러나 소년소녀가장, 독거노인, 실직자 돕기 등 종교가 눈에 안 띄게 은밀히 사회의 어려움과 함께하고 있을 더 많은 다양한 종교인과 종교단체의 자선과 봉사노력 등은 파악이 불가능하여 불가피하게 제외된 한계가 있다.

(2) 종교단체들의 효율성과 투명성 개발

종교기관은 비영리봉사단체 속에서도 그 특수성 때문에 기업의 회계감사보고서와 같은 공시제도(公示制度)는 도입돼서는 안 된다. 그러나 종교자율적인 책임의식으로 전체예산 중 사회복지 지원, 성직자 생활(사례)비, 종교기관 내 교육예산 등, 주요항목 예산과 전체예산에 대한 접근이 조금 더 쉬울 수 있게 정확하고 투명하게 자율적으로 정비되게 되는 계기가 될 것으로 기대해 본다.

(3) 선행효과(先行效果)

사회에서는 좋은 평가시스템이 있다는 자체로서 관련단체나 개인이나 기업에게 이미 절반의 효과가 있다는 것이 학계의 정설이다. 이미 경험하고 있는 것처럼 평가과정에서 종교자체의 변화의 동기를 유발하게 되고 이 평가의 방법과 그 결과물은 종교단체 등에는 물론, 다양한 관련 학문분야에 부분적으로나마 실증적 새로운 연구개발의 동기부여와 함께 정부정책에도 좋은 영향을 주게 될 것으로 믿어진다.

(4) 정부, 종교기관들의 정보창출

실증적 종교 실천윤리를 탐색하는 과정에서 얻어진 또 다른 수확은, 정부나 종교단체들이 필요한 정보를 구축하게 하는데도 상당히 기여하거나 자극을 주었다는 점이다.

법무부의 재소자 취업알선 등의 통계 작성과 노동부의 산업재해법 위반 종교별 및 장애인 통계 등은 이미 시행되고 되고 있으나 감사원의 사회복지시설 감사자료도 사회복지 노력에 대한 질적 평가상 유용한 자료임으로 적극적인 협력이 필요하다.

더구나 정부가 아직도 OECD 기준과 회원국에 비해서 열악한 사회복지부문 투자에 대한 현실 파악과 대책의 한 고리(Chain)를 연결한다는 차원에서, 종교의 자율성이 침해되지 않는 것을 전제로, 정부도 종교의 사회복지활동 등에 대한 통계창출을 통해서 활용하려는 노력도 더 필요하다. 그런 맥락에서 어렵게 쌓아 올린 이 한국종교의 사회복지부문 등에 관한 실증적 자료가 새로운 좋은 참고자료가 될 수도 있을 것이다.

종교행정 관련 주무부서인 문화관광부도 매우 미흡하나마 해외선교사, 종단별 현황 등의 정보를 만들어 왔으나 2002년 이후에는 통계가 없고, 수년 동안 인명구조 등을 위해 필요해서 작성해 오고 있었던 종교별 장기, 골수기증 통계마저 이미 작년 6월에 보건복지부가 폐지한 사실이 있을 정도로 후퇴하는 아쉬운 면도 있다.

그러나 정부 중에서도 대검찰청의 경우는 이미 30여 년 전부터 형법범과 특별법범 통계 중에 종교별 통계를 작성하여, 〈범죄분석〉으로 내놓고 있다. 이런 통계는 경찰이나 검찰행정에서 종교인 범죄에 대한 경각심을 주어 종교성 회복으로 범죄예방 기능효과를 있게 하기 위해서 오래전에 마련된 통계제도이다. 물론 정보창출은 필요하되 정확성을 높이기 위해서 종교 '미상(未詳)' 부분을 축소시키는 노력이 더욱 요구된다.

이제 한걸음 더 나아가 대형병원에서 수술환자에게 투여할 피가 모자라 비상이 걸리는 사태가 발생할 정도로 피가 부족한 것이 문제인데, 적십자사의 헌혈신청서 양식에 종교난을 설치하면, 종교기관들의 신자교육을 통하여 능히 충당될 것으로 믿어지는 유용한 **〈헌혈자 종교별 통계〉**(보건복지부)도 시작해야 한다.

또, **〈이혼자 종교별 통계〉**(대법원)도 필요하고, 종교별 흡연이나 음주관행의 차이로 암 발생율이 차별화될 것으로 추정되고 의학적 연구자료로서도 그 가치가 인정될 것으로 보이고 암을 예방할 수도 있는 암 환자 등록양식에 종교난을 만들어 **〈종교별 암 환자 발생 통계〉**(국립암센터)를, 새로 작성하려는 전향적인 자세가 시급히 요구된다.

공사(公私) 간에 자유와 인권의식만 팽배하고 자율적 책임은 없고 어려운 이웃은 많은 우리 사회에서, 사회공동선과 개인의 인권보호라는 두 마리 토끼도, 몰아야 할 한 마리 토끼이기 때문이다.

5) 언론보도개발

종교에 대한 이런 다양한 객관적 분석결과물을 통해서 종래의 종교관이 변화될 수 있는 전기가 되기를 기대해 본다. 세계 속에서도 우리 사회의 다양한 전통을 가진 독특한 다종교문화 상황이, 다른 나라에 비해 어떤 가능성을 갖고 있는가, 양극화, 정보화, 세계화와 남북문제, 그리고 세속화과정 속에서 종교의 역할과 영성(靈性)이 어떤 의미와 가능성을 갖고 있는 것인가, 즉 종교의 자기신앙체계에 대한 확신과 큰 세력으로 범람하고 있는 악성 디지털문화 등의 현실과의 괴리를 극복하는데 대한 기대정도는 무엇인가 등의 관점에서 종교에 대한 접근이 가능하리라고 본다.

6) 정치발전

종교가 득표수단만이 아니라는 국회의원들의 종교적 회심을 작동시켜 도덕적 청지기의식을 회복하는데도 크게 기여하리라 믿는다. 선거에서도 종교를 떠나 바른 후보를 선택하는 것이 중요한 것임을 종교계가 크게 각성하게 될 것과, 정부공직자 등 지도층과 변호사, 의사 등 지식인그룹에도 자기성찰의 신선한 영향을 주게 될 것으로 기대된다.

7) 학문발전

비교종교학과 종교윤리학, 종교사회학의 새로운 장을 여는 계기가 될 수 있을 뿐 아니라 법학, 사회학, 정치학, 경제학 등에도 일부 연구과제를 제공하게 될 것으로 기대된다. 예를 하나 들면, 우리 형법학계에서는 그 동안 그 연구가 '종교가 있는 것이 범죄예방에 도움이 될 것으로 보인다.' 정도의 막연한 반쪽 분량의 가설 속에 안주해왔기 때문이다.

제3부 향후과제, 대정부 제안 및 맺는 말

1. 향후과제

　　앞으로는 현재의 전체분석지표를 가능한 더 확대하고 또, 분석의 실효성을 높이며, 범죄의 상대평가를 위해서 공직자와 변호사, 의사, 약사 등 전문 지식인 그룹의 종교인수 파악 등 더 심도 있게 접근해야 한다. 복지시설 운영상태에 대한 정부의 평가(감사) 자료도 반영하고, 사회복지담당 전문 성직자 유무와 운영내용의 질적 측면도 반영하고, 매년 수재의연금과 같은 사회와 관련된 중요사안들은 지속적으로 평가하되, 전통과 조건이 다른 종교를 고려하고 전체적 평가는 3~5년 정도의 주기를 두고 시계열적(時系列的)으로 상대화하여 확인하는 것이 바람직하리라고 본다.

　　또 기업처럼 적극적인 시상제도는 도입할 수 없지만 사회에 대한 특정 기여부문에 대해서는 사회적 합의를 통해서 인정서(표창)를 수여하는 방법도 도입이 필요할 것이라는 종교학계의 일부 의견도 참고할 수 있을 것이다.

종교 내(교단별) 평가

　　또, 이제는 종교(교단)별로 두 가지 큰 방향에서 즉, 사회기여도 종교별 성과를 종교별로 평가하는 지금의 방법에서 한 걸음 더 나아가 각 종교별 내부 종파별 성과를 비교하는 평가제도가 필요하다. 그 이유는 같은 종교 내에서도 많은 종파가 있으므로 종파간 사회에 대한 노력의 우열의 차이를 보여 줌으로써 부진한 종파가 분발하는 계기가 될 수 있기 때문이다. 또 사회에 대한 종교별 노력 중에도 그 운영주체의 성직자와 평신도 수를 파악하여 그 비율을 대비시키는 일도 중요하다. 또 그동안 유명무실했던 종교별 자체평가, 즉 사찰, 성당 등을 대상으로 각 종교별 평신도단체가 각각의 자체 종교적 기준을 설정, 예산집행의 적정성이나 투명성, 다양한 사회봉사 정도 등을 실증적으로 평가해 나가는 것도 자율적이며 민주적인 종교별 개발과 사회복지개발에도 크게 기여하리라고 본다.

2. 대정부 제안

(1) 법 위반과 관련된 비용통계 등

비용명 : 불공정거래 및 하도급법 위반(경제법) 사회경제적 비용(중소기업 피해중심) = 공정거래위원회
이유 : 비용 산출. 최근에도 정유사간 담합으로 1천억 원이 넘는 벌금을 내는 사례가 이어지고 있다. 소비자 손해는 그 몇 배에 달한다. 불공정 담합 말고도 대기업계열사간의 부당 내부거래나 중소기업하도급 가격을 부당하게 깎거나 대금 지급의 현금 지급기피 등의 원인이 대기업노조의 강경투쟁으로 인한 임금인상분을 보충하기 위한 방편으로 이용한다는 하청업체들의 불만도 제기되고 있는 실정이다. 중소기업들은 납품을 받거나 하청을 주는 대기업이 법을 위반해도 당국에 신고하면 거래자체가 끊길 수 있기 때문에 대부분은 울며 겨자 먹기로 신고를 못하고 피해를 당하고 마는 것이 과거부터 지금까지도 경제성장과정의 아픈 비용으로 지불되고 있는 것이다.

필자가 10여 년 전 시민단체에 있으면서 공정거래법 및 하도급법 시행 후 10년 간 30대 재벌법 위반 순위를 조사하여 언론에 발표한 일이 있었는데 적발되어 과징금 등을 물고 공정거래위원회의 심결집(審決集)에 올라 있는 대기업 수보다 경고처분을 받고 심결집에 올라있지 않은 대기업 수가 10여 배나 많은 사실을 확인한 일이 있다. 그 뒤 15~16년이 지났어도 공정위는 물론 시민단체 아무데서도 30대 재벌 공정거래 및 하도급법 위반 순위를 조사해서 내놓은 단체가 없다는 것은 우리 사회에 공정거래라고 하는 경제정의의 균형 장치가 크게 마비되어 있는 것으로 볼 수 있다.

이제 공정위는 우리 사회 대기업과 중소기업의 공생적 협력관계 구축을 통한 경제정의를 실현하기 위해서 과징금처리액 규모와 경고처분 받은 내용과 신고하지 못하고 피해를 본 중소기업 등까지를 근거로, 불공정거래와 하도급법 위반으로 인한 잠재적 피해 규모를 지난 1년간은 물론 법 시행 후 지금까지의 피해 규모도 누계로 산출하여 발표할 시점이 된 것이다.

비용명 : 산업안전법 위반으로 인한 순 사회경제적 비용 = 노동부
이유 : 산업안전법 위반 1명당 평균 비용이 산출되어야 종교별로 법 위반자의 비용을 산출해서 종교(무종교)별로 비교가 가능하기 때문이다.

즉, 전체 산업재해로 인한 사회경제적 비용 중에서 대검찰청의 범죄분석지에 나와 있는 산업안전법 위반자 수와의 관계가 금액으로 얼마나 되는 가하는 것을 산출해 내야 한다.

비용명 : 환경법 위반으로 인한 순 복구비용 = 환경부
이유 : 환경법 위반 1명당 평균비용이 산출되어야 종교별로 위반자의 비용을 산출하여 종교별(무종교) 비교가 구체적으로 가능하기 때문이다.

비용명 : 부동산관련법 위반 비용 = 건설교통부
이유 : 망국적인 비용합산이 될 때 좀 더 처벌법을 강화할 수 있는 분위기가 형성되게 되고 우리 사회 범죄를 포함한 전체비용을 확인하여 대처할 수 있다.

(2) 종교인별 통계

종교인별 통계는 종교별 사회봉사를 조금 더 활성화하는데 도움을 주기 위해서 협력한다는 마음으로 개인적으로 해당 양식에 종교를 표시하면 그 정보의 사용방법은 개인별 종교는 노출되지 않고 해당 분야별로 전체종교인별 통계만 사용하는 것으로 사후적 개인의 인권문제는 전혀 없다.

어려운 사회문제해결을 위한 개인의 자유와 공익효과와의 건전한 균형의 문제임으로 **인권위원회나 규제개혁위원회가 새로운 큰 시각으로 접근해야 할 과제이다.**

　예를 들면 개신교, 불교, 천주교, 원불교, 무종교 등 각 헌혈자가 헌혈신청서를 작성하는 것으로 대한적십자사가 지난 1년간 헌혈자 250만 명 중, 개신교, 천주교, 불교, 무종교인 각각 전체 헌혈자가 몇 명인가만 집계하는 방법이다.

1) 이혼자 종교별 = 대법원(이혼신청서 종교란)
　이유 : 공통적으로 교리에 어긋나는 사회풍조(평균 약 8~9쌍 당 이혼하는)를 종교별로 경각심을 갖고 좋은 부부관계의 신앙교육을 강화는 계기점이 될 수 있음.

2) 암 환자 종교별 = 국립암센터(암 등록 신청서 종교란)
　이유 : 종교인별로 경각심을 갖고 종교적 생활실천을 강화할 조건이 될 수 있음.
　또, 종교별 암발생추이 연구주제로 논문을 작성하여 세계의학계에 최초로 발표할 수 있는 좋은 자료로도 활용할 수 있다.

3) 헌혈, 골수 장기기증 종교별 = 보건복지부(새 제도 개발+기존제도 부활)
　이유 : 헌혈 : 수술시 수혈할 피가 부족하고 외국에서 수입하는 안타까운 현실을 극복하기 위해서 거리헌혈 시 헌혈신청양식에 종교란을 신설함으로써, 연간 종교별 통계가 나올 수 있어 종교별로 선의의 경쟁을 하게 된다.
　골수 기증 : 효과가 인정되었기 때문에 10여 년간 시행하던 지도의 원상회복이다. 골수이식만 하면 70~80%의 어린이 백혈병환자가 완치될 수 있는 생명 나눔의 가치 실현이다. 그러나 수천 명의 대기환자에게 적합한 타입의 골수가 공급되기 위해서는 현재 20~30만 명의 골수기증자가 더 필요한 실정이다. 기증자 종교별 통계는 건전하게 종교심을 점화시킬 귀중한 기회가치이다.
　안구 등 사후기증 : 안구를 사후에라도 기증만하면 타인이 눈을 뜨게 할 수 있다.

4) 변호사회, 의사회, 약사회 회원의 종교별 위반 통계 공개
　이유 : 예를 들면 2005년까지 3년간 변호사법 위반자 연평균 수는 1,041명으로 변호사회 전체 회원 수 7,600여 명 중 대비로는 13.7%나 된다. 그러나 그 중 변호사

회원이 아닌 일반인이 다수 포함되어 있어서 변호사회원만으로 비교할 수 있는 통계가 필요하다.(의료법, 약사법도 같음)

(3) 제도개발

1) 전과자 고용 장려제도 = 노동부(법무부)

이유 : 교도소에서 인성교육과 함께 취업기술교육을 더 강화하고 출소예정자를 선별하여 300인 이상 사업장 업종감안 1천개 기업대상으로 고용을 장려하는 제도로, 정부는 연간 수십조 원의 범죄비용을 감안하여 대기업의 과거 전과자 고용의 실패와 다른 성공사례를 연구하여 고용 장려금제도를 개발하여 기업고용을 확대하는 제2의 도전을 해보면 틀림없이 성공할 수 있다. 이때 고용이 되면 문제를 예방하기 위하여 독일처럼 전과기록을 말소하고 기업주와 정부만이 정보를 공유하여 관리하고, 장려제도개발을 위해서 선진국제도를 조사하고 민(기업, 교도위원, 학계 등), 관(법무부, 노동부, 예산기획처 등) 공청회가 필요하다. 과거 실패사례를 연구하여 기업고용을 확대하는 제2의 도전을 해 볼 것을 제안해 본다.

실제로 필자가 1993년도(경실련 경제정의연구소에서)전체 상장제조업을 대상으로 "전과자 고용이 귀상의 생산성향상과 범죄예방에도 도움이 된다고 생각하십니까?"라는 설문조사에서 250개 응답자 중 54%가 긍정적으로 대답하였다. 그 중 1개 회사는 전과자 기록을 완전히 없앴다. 그러나 고용실적은 그 250사 중 11%에 불과했다.

* 최근 대기업의 맞춤형 기능교육훈련을 통한 교용 사례

한 정보통신회사가 기능인을 채용하기 위해서 몇 개 교도소에서 형 확정자 10명을 차출하여 한 교도소에서 맞춤 교육을 시키는 사례도 큰 참고가 될 것이다.(자료 : 안양교도소)

2) 교도행정에 대한 민간 감시기구 = 법무부

이유 : 교도소 재소자 인권문제는 지금도 종결된 것이 아니다. 따라서 인권감시를 위해서, 세계적 교정전문가 영국 **코일 스턴** 박사가 작년에 한국에서 역설한 것처럼 민

간 감시기구를 만들어 운영하는 것이 현재의 민간 종교위원제도와 함께 필요하다고 본다.

3) 민간 사회복지시설 감사결과 명단공개 = 감사원

이유 : 계속 언론상에 비리가 보도되고 있는 전국 민간사회복지시설에 대한 감사결과도 업소별로 공개는 어렵더라도 '설립자 종교'는 공개할 필요가 있다. 그 이유는 대검찰청에서 범죄종교별로 공개하는 정신과 형평성도 있고 종교인별로 경각심을 갖고 종교성을 회복할 수 있다.

4) 미신고시설 문제 = 보건복지부

정부의 양성화정책 강행으로, 2003년 1,044개였던 미신고시설이, 2006년 7월 현재, 492개로 감소했으나, 소위 다양한 연령층과 특성을 달리하는 대상자를 보호하고 있는 복합시설문제가 해결되어야 하고, 10인 이내의 가족공동체 형태(그룹 홈)의 인간친화적 운영을 위해서는 인간성이 떨어지는 대형화로 모두 흡수하는 것보다는, 가정위탁제도를 이용하고, 일정조건을 갖춘 20인 이상 및 50인 미만의 소형시설은 정부가 양성화해서 적절하게 지원해 주어야 한다고, 보건사회연구원전문가나 관련단체나 사회복지학계 등이 주장하고 있어, 정부의 입장이 현실적이고 민주적으로 시급히 조정되어야 할 과제이다.

5) 아동유괴살해범 처벌 규정과 성보호법 강화 = 국회

생계형범죄관련법은 경감하되 아동에 대한 성범죄와 유괴살인은 사면 없는 무기징역의 극형제도로 조속히 개정해야 한다.

3. 맺는 말

그린(1968)은 종교가 개인과 사회와의 끈임 없는 상호작용을 하면서 세 가지의 보편적 기능을 수행한다고 한다. 그 첫째가 나타난 지상의 고통을 긍정적으로 극복하는 고도의 인내력을 길러 주는 기능이고, 둘째가 개인의 가치와 중요성을 높여 주는 기능이고, 셋째가 한 개의 사회적 가치를 전체에 통합시키는 기능이라고 본다.

이 작업의 시작이, 3대 종교 주류(主流)의 다종교국가로 기회를 선용할 좋은 조건이 되어 있는 이 나라 종교인과 종교기관들에게 사회와 역사 앞에 존재한다는 빛과 소금의 사명의식에 충실할 수 있도록 큰 변화의 동기를 부여하는 것이다. 따라서 정체성을 명분으로 하는 왜곡된 경쟁은 피하면서, 상호이해와 협력적 선의의 경쟁을 통해서 좀 더 밝은 새로운 세상을 잘 기획하고 실천하는 건강한 지도종교로서의 비전을 갖게 하는 선도적 지표가 되었으면 하는 것이다. 다른 한편 국내는 물론 지구촌 전체에 걸쳐 어려운 환경 속에서 인간애를 묵묵히 실천하고 있는 종교인들과 종교단체의 숨은 노력에 작은 격려가 되고 사회와 인류사회가 친화적으로 지속가능한 종교개발의 작은 거울이 되기를 기대해 본다.

또한 험난한 세계사를 통해서 많은 대가를 치루고 얻어진 민주국가사회라는 실체가 지금도 실제로는 그 개별 국가를 주도하는 것은 구성원 중, 지도급 소수자의 권력에 의해 이루어지고 있다는 연구결과가 설득력을 얻고 있다. 우리 사회와 종교도 이에 예외가 아니라는 점에서 수십만의 성직자나 수천만의 신자들의 노력이 조화를 이루어 나가야 함에도 불구하고, 우리 종교 대표적 일부 소수의 성직자나 각계의 평신도 사회

지도자들의 비신앙적 태도가 전체종교계의 인식을 흐리게 하는 잘못은 없어야겠다는 것이다. **왜냐하면** 앞에 숫자와 예를 들어가며 보여 준 것과 같이, **많은 신앙봉사자들이 헌신하며 쌓아가려는 공든 탑에, 소수 종교지도급 인사들(종교기관 내 및 세상속의)이 비종교적 탐심으로 종교에 흠집을 내는 일은 더 이상 신앙적으로도 용납이 안 되기 때문이다.**

또 종교가 정치적 권력을 갖게 되면 세속과 영합하여 종교자체가 타락한다는 불문율을 우리는 항상 경계해야 하고, 반대로 종교가 바로 서면 도덕이 바로 서고 정치와 복지가 바로 선다는 사실을 유념해야겠다.

그리고 대체로 어려운 사회 환경속의 **종교의 역할에 대해서 긍정적인 쪽에 서는 필자의 입장과 세속적 물량주의나 탐심과 같은 종교적 기준에서의 과오를 반성하고 치열하게 거듭나는 노력은 별개의 문제라는 사실을 알아야 한다.**

총체적으로 어려운 역사와 사회 환경 속에서 종교지도자나 종교인은 조금 더 종교성으로 무장하여 적극적 윤리와 소극적 윤리의 균형을 유지하며 정의, 진리, 인권, 자유, 박애, 봉사라는 기본에 충실할 수 있게 되기와, 국내외에 걸쳐서 부족하나마 숨어서 하고 있는 종교의 사회기여에 대하여 사회가 균형적인 감각을 갖고 종교와 사회 간의 건강한 관계를 회복하는 한 작은 조정자 역할이 되기를 기대한다.

또 한걸음 더 나아가 역사 이래 지구상에 존재해 온 다양한 세계종교사 속에서 우리 한국 다종교국가의 특별한 가치가 더욱 빛나는 역사를 써 나아가는 계기가 되고, 종교의 정체성 회복을 통한 사회통합과 더 좋은 사회를 열어 가는데 작은 주춧돌이 될 수만 있다면 다행이겠다.

제4부 종교별 비교분석결과
(표와 해설)

1. 종교별 10개 분야 사회복지시설 설립현황

<표1-1> 3대 종교별 사회복지시설

(2002년 대비 2005년)

	2002년									2005년									2002, 2005 년평균,%
	장애인			아동			노인			장애인			아동			노인			
	시설수	정원	%	시설수	정원	%	시설수	정원	%	시설수	정원	%	시설수	정원	%	시설수	정원	%	
개신교	119	10,823	56.2	196	17,177	71.1	94	45.9	131	12,935	66.3	200	17,211	72.3	175	12,548	44.9	59.5
천주교	41	3,834	19.9	25	4,685	19.3	42	20.5	60	4,336	22.2	31	4,877	20.5	66	4,731	16.9	19.9
불교	5	297	1.5	7	508	2.1	31	15.1	15	1,078	5.5	10	764	3.2	53	3,468	12.4	6.6
원불교	1	35	0.0	3	170	0.7	3	1.5	2	85	0.4	2	210	0.9	23	1,344	4.8	1.4
무종교	42	4,257	22.1	22	1,625	6.7	35	17.1	42	1,073	5.5	12	731	3.1	84	5,831	20.9	12.6
계	208	19,246	100.0	253	24,165	100.0	205		100.0	250	19,507	100.0	255	23,793	100.0	401	27,922	100.0	100.0

자료: 노인, 아동 : 노인, 아동복지시설연합회 2002, 2005년, 회원명부
* 장애인 : 국립재활원자료로, 본 연구소에서 직접 전화조사(설립자 중심, 타종교인 인수 건은 전체 중 2~3개에 불과했음.), 436개소의 직업재활시설+지역사회재활시설 등, 총 2,865개소나 되는 장애인시설과 기관 전체를 다 조사하지 못한 아쉬움이 있다.

3대 시설은 종교그룹이 전체 906개 중, 약 87%를 3대 종교가 설립했고, 총 수용 정원수는 63,987명에 달한다. 노령인구 증가에 따라 2002년 대비 노인복지시설이

95.6%나 증가하고, 다음으로 장애인시설이 20.2% 증가하고, 아동시설은 경제향상과 저출산 등으로 3개 증가에 그쳤다. 그러나 특별한 변화는 부모의 아동학대로 인해 농어촌에서도 입소가 증가하고 있다는 점이다.

종교별로는 개신교가 시설수와 정원수를 합쳐서 전체의 59.5%로 절대적으로나 상대적으로나 앞서가고 있고, 천주교가 그 다음으로 19.9%, 불교는 6.6%를 점유에 그치나, 2002년보다 장애인시설이 3배나 증가하고, 노인시설도 약 2배 증가하는 등, 과거의 전통을 벗어나려는 많은 변화 노력을 하고 있는 모습을 볼 수 있다.

〈표1-2〉 3대 종교별 사회복지시설 현황 시계열 비교

(1997, 2002, 2005년)

	장애인(A)				아동(B)				노인(C)				A+B+C 평균 %
	97년	02년	05년	3년평균수, %	97년	02년	05년	3년평균수%	97년	02년	05년	3년평균수%	
개신교	17	119	131	89(53.6)	208	216	200	208(81.5)	77	94	175	115(46.2)	60.4
천주교	22	41	60	41(24.7)	17	25	31	24.3(9.5)	22	42	66	43(17.3)	17.2
불교	1	5	15	7((4.2)	8	7	10	8.7(3.0)	16	31	53	33(13.2)	6.8
원불교	0	1	2	1(0.6)	2	3	2	2.3(0.9)	12	3	23	13(5.2)	2.2
무종교	0	42	42	28(16.8)	6	22	12	13.9(5.2)	15	35	84	45(18.1)	13.1
계	40	208	250	166(100.0)	241	273	255	256.3(100.0)	142	205	401	249(100.0)	100.0

자료: 보건복지부 사회복지시설 현황

전체적으로는 1997년 40개에 불과했던 장애인시설이 2005년에는 250개로 6.3배나 증가하고, 노인시설이 2.8배 이상 증가했다. 그러나 아동시설은 증가하지 않았다.

종교별로는 시종 개신교가 절대 우위를 차지하고, 다음이 천주교순이고, 불교는 절대수치에서는 미미하나, 1997년 종교(무종교) 전체 중 점유율이 5%선에서 2005년에는 전체 중 약 7%선 이상으로 3% 증가는 변화노력을 보였다.

<표1-3> 기타 사회복지시설 6개 분야 종교별

(1997, 2005년)

	정신요양(2005년)			미신고시설(1997년)			부랑인(2005년)			한센병(1997년)			모자보호(1997년)			결핵(1997년)	
	시설수	정원수	%	시설수	정원수	%	시설수	정원수	%	시설수	정원	%	시설수	정원	%	시설수	정원
개신교	29	7,561	52.9	308	8,055	71.0	6	581	5.4	2	154	15.7	41	1,232	67.6	6	155
천주교	5	1,683	11.8	161	2,571	22.7	13	7,012	64.6	2	381	38.9	12	410	22.5	2	569
불교	5	1,449	10.1	21	660	5.8	3	423	3.4	0	0	0.0	1	13	0.7	1	18
원불교	1	266	1.9	0	0	0	1	160	1.5	0	0	0.0	1	20	1.1	0	0
무종교	15	3,329	23.3	5	58	0.5	14	267	24.6	1,국립	445	45.4	6	148	8.1	0	0
계	55	14,288	100.0	495	11,344	100.	37	10,849	100.0	5	980	100.0	61	1,823	100.0	9	742

자료 : 보건복지부, 한국사회복지시설협회, 결핵협회, 한센협회

정신요양, 미신고시설, 부녀복지시설은 개신교가 많이 하고 있고, 부랑인(아), 한센병과 결핵시설은 천주교가 가장 많이 해오고 있다.

1989년 3월, 한국자유기고가협회에서 작은 선물을 가지고 소록도를 방문한 일이 있었다. 그 곳 동산 잔디밭에서 차를 대접하며 삶의 기쁨에 넘쳐 들려 준 두 중년 여(女) 한센병 환자의 노래(찬송가)가 준 감동을 지금도 나는 잊지 못한다. 일그러진 코와 얼굴, 손가락들이었지만, 세상의 냉대와 고독도, 천국에서 있게 될 온전한 자기모습에 대한 확실한 믿음 앞에서는 아무런 문제가 되지 않고 늘 기쁘게 일하며 살아간다는 고백도 있었다.

신앙 말고 무엇이 이들에게 이런 기쁨과 소망을 줄 수 있을 것인가. 병들고 가난하고 소외되고 낙담한 자들의 복지뿐 아니라 그들의 영적 정신적 쉼터가 종교가 짊어질 몫이라는 증거다. 그곳에는 거동이 어려운 환자들을 위해서 마을들 가까이 교회와 성당이 7개나 있었다.

<표1-4> 종교별 사회복지관 운영현황

(종교지역사회문화복지)(2000, 2002, 2005년)

	2000년 시설 수	%	2002년 시설 수	%	*2005년 시설 수 / %
개신교	97	53.9	172	47.4	197 / 51.7
천주교	33	18.3	50	13.8	49 / 12.9
불교	37	20.6	41	11.3	42 / 11.0
원불교	13	7.2	13	3.6	14 / 3.7
무종교	0	0.0	87	24.0	49 / 12.9
계	180	100.0	363	100.0	381 / 100.0

* 2005년 지자체 시설 수 22, 천도교 2, 대순진리회 1, 미상 5.
* 자료 : 사회복지관백서, 한국사회복지관협회

이 복지관제도는 1988년 사회복지관 운영 국고보조 사업지침이 수립되어 39개에서 시작하여 2005년 현재 381개소로 2000년 대비 2.1배나 증가하고 질적으로도 상당한 성장을 하고 있다. 이제 단순히 지역의 사회복지욕구 해소뿐 아니라 다양한 사회문제를 예방할 수 있는 역량을 갖추었고 이용계층도 다양한 사회복지서비스 제공의 최일선 민간조직이 되었다. 그러나 사회복지관협회측에서는 전반적으로 우리 사회복지관들이 임기응변적으로 난립하는 경우가 많았고, 정부보조라는 약점 때문에 자유성과 독자성 확보가 어려워지고, 사회복지 전달체계에서 차지하는 위치와 성격이 불분명해지고 있는 점이 개선되어야 할 과제로 지적하고 있다.

<표1-5> 대학병원 종교별 설립현황(종교의료복지)

전체 종합병원

(1997년 현재)

구분	대학병원			기타종합병원			종합병원 전체(대학병원 포함)		
병원	종교병원 수	%	대학병원 총수	종교병원 수	%	기타종합병원 총수	종교병원 총수	%	전체병원 총수
	18	39.1	46	23	14.0	164	41	19.5	210
병상	종교병원 총수	%	대학병원 병상 총수	종교병원 병상 수	%	기타병원 병상 수	종교병원 병상 총수	%	전체병상 총 수
	11,178	42.4	26,851	6,053	14.0	43,341	17,231	24.7	69,692

종교별 대학병원 수 및 평균설립년도 현황

구분	대학병원 수	전체중 %	병상 수	전체중 %	평균설립년도
개신교	7	15.0	5,322	20.0	**1938**
천주교	8	18.0	4,220	16.0	**1959**
불교	2	4.0	765	3.0	1990
원불교	1	2.0	850	4.0	1980
소계	18	**39.0**	11,178	**43.0**	1966.7
기타	28	**61.0**	15,173	**57.0**	1972

세브란스 1885(개), 이대부속 1887(개), 계명대 동산 1899(개),
가톨릭 성모 1936 (천), 적십자 1905, 광주기독 1905

　　병원 수와 병상 수를 합쳐 평균 우리나라 대학병원 전체 중 40% 이상을 차지하는 비영리법인인 바 그 사회복지 기여성으로 보아 종교의료복지개념으로 표시했고 평균 설립년도로 그 의미성에 접근해 보았다.

2. 한국 종교의 국내외 구휼활동

<표2-1> 3대 종교의 국내외 구휼활동

	대북인도적지원 (단위:천$) (2001-2003년)		수재의연금 (단위:천원) (1996-2002년)		대구 지하철화재의연금 (단위:천원) (2003년)			해외인도적지원 (단위:천원) (1996-2002년)		합계(단위 천원, 천$) % ( )는 대북 인도적지원	
	금액	%	금액	%	건수	금액	%	금액	%	%금액	%
개신교	69,856	51.1	9,490,692	68.8	2,042	2,156,686	69.7	133,071,369	64.9	5,636,494/년 (69,856천$/3년)	65.5 (51.1)
천주교	2,265	1.7	70,460	0.5	42	220,129	7.1	6,891,863 (국제까리타스 515,057포함)	3.4	303,875 (2,265천$)	3.5 (1.7)
불교	1,578	1.2	2,178,764	15.8	439	393,728	12.7	2,985,345	1.5	282,995 (1,578천$)	3.3 (1.2)
종교공동 기타	62,945	46.0	2,059,645	14.9	27	323,510	10.5	62,248,713	30.3	2,382,849 (62,945천$	27.7 (46.0)
계	136,644	100.0	13,799,561	100.0	2,250	3,094,053	100.0	205,197,290	100.0	8,606,213/년 (136,644천$/3년)	100.0

*자료 : 1) 대북 인도적 지원 = 통일부,
2) 해외 인도적 지원 = 해외원조단체협의회
3) 수재 의연금 외 = 전국재해대책구호협회

대북 인도적 지원은 대부분 쌀이나 의류 의약품 등 생필품이 중심이다. 그 효율성을 위해서, 개별종교단체와 별도로 종교단체가 연합하여 지원하는 것이 특징이다. 대한적십자사 창구분은 포함되지 못했다.

4대 부문 국내외 구제 활동에서 기독교가 평균 65%를 점하여 절대적 우위를 보여 주고 있으나, 기타 종교도 매년 증가추세에 있고, 퍼주기 논란과 최근에는 핵개발로 인해 정부의 운신 폭이 좁아졌음에도 불구하고 대북인도적 지원에서 NGO가 GO수준으로 육박하고 있다. 이는 정치를 초월한 한국종교의 미래지향적 박애정신의 표현이다.

GO와 NGO, 국제사회 대북 인도적 지원 규모(1995-2001년)
국제사회가 우리나라(민+관)보다 약 3배 더 지원

종교=NGO	16,191만$
정부=GO	45,005만$
국제사회	151,893만$

세계식량계획(WFP)은 식량배급이 제대로 되는지 확인하는 것도 중요하지만 어려움을 겪는 주민들을 위해, 2005년도에 북한 주민 600만 명분의 식량을 공급했고, 2006년부터 2년간에도 전년보다 70%를 줄인 190만 명분의 식량을 공급하기로 하였다.(조선일보 06. 5. 12.)

한국의 대외원조

해외 10억여 명의 빈민국에 대한 한국정부의 지원은 2004년 국민소득의 0.06%에 불과한 반면, OECD 다른 회원국 평균은 0.25%이고, 우리와 소득수준이 비슷한 스페인은 0.26%나 된다. 따라서 한국은 대북 인도적 지원뿐 아니라 국제지원에서도 외국과 비교하면 월등히 낮은 것을 알 수 있다. 이런 간극을 종교인단체들이 매우 열심히 메워가고 있다.

아래의 표 **〈해외 인도적 지원〉**는 개신교를 중심으로 종교단체 등이 최근 3년간 행한 세계 인도적 지원 현황이다. 매년 10-35%까지 증가하고 있고, 금액규모도 3년간 약 2억 달러에 육박한다. 이는 개신교가 전체 중 90% 이상을 차지하고 있다. 쓰나미, 뉴올리언스 등에 적극적인 지원을 하면서 더욱 일어나는 현상으로 보인다.

<표2-2> 대북 인도적 지원 종교별

(2004-2005년) 단위 : 천원

	2004년 지원액	2005년 지원액	2년합계	(%)
개신교	61,772,421	42,231,192	104,003,613	(55.8)
천주교	766,970	1,242,304	2,009,274	(1.1)
불교	16,252,039	2,291,930	18,543,969	(10.0)
원불교	504,441	684,842	1,189,283	(0.6)
종교공동	21,581,564	15,850,493	37,432,057	(20.1)
기타단체	2,606,157	20,630,829	23,236,986	(12.5)
계	103,483,592	82,931,590	186,415,182	(100.0)

종교를 중심으로 한, 2년 평균 대북지원액은 우리 국민 1인당 2,071원에 해당된다!

통일부 반출승인 기준 통계

민간 독자창구 지원 실적(한국적십자사 창구 제외)

2004년 (단위 : 달러)

단 체 명	지원액	
(기)한민족복지재단	7,704,685	30회
(공동)우리민족서로돕기	17,274,372	69회
(기)남 북 나 눔	33,520,012	24회
(기)굿네이버스	13,120,416	66회
제주도민운동본부	1,081,912	4회
(공동)어린이어깨동무	1,404,119	31회
(기)유 진 벨	2,265,505	8회
(기)월 드 비 젼	2,162,487	23회
(천)천주교서울대교구	429,918	5회
새마을운동중앙회	237,840	2회
남북농업발전협력	609,627	5회
(공동)국제옥수수재단	401,541	4회
(불)한국제이티에스	684,499	14회
(공동)의약품지원본부	1,250,971	7회
(불)평화통일불교협회	1,207,677	9회
(원)원 불 교	504,441	14회

단체명	지원액	횟수
(불)불교종단협의회	260,043	3회
(불)평화의 숲		
(기)대한예수교장로회	294,013	3회
(공동)21C 통일봉사단		
강원도협력협회	104,104	1회
(공동)새천년생명운동		
(기)동북아문화재단		
(천)천주교주교회의	337,052	2회
한국건강관리협회		
(기)한국복지재단	1,197,062	14회
(기)국제기아대책기구	908,052	9회
농협중앙회	20,250	2회
(기)대학생선교회	192,927	2회
(기)선한사람들	407,262	5회
대한결핵협회	127,960	2회
(공동)국제라이온스	1,250,561	24회
민간교류협회	284,539	2회
대한의사협회	244,029	2회
전남남북교류협회		
등대복지회		
나눔인터내셔날		
겨레하나되기운동		
(불)용천동포돕기	14,099,820	35회
용천캠페인본부	494,182	5회
계	104,081,878	386

2005년 (단위 : 달러)

단 체 명	지 원 액	
국제라이온스	1,654,909	16
국제보건의료재단	500,000	1
국제옥수수재단	611,249	3
굿네이버스	8,908,825	54
그린닥터스	424,388	2
나눔인터내셔날	5,447,401	29
남 북 나 눔	19,946,037	43
남북농업발전협력	82,700	3
남북민간교류협회	76,294	1

단 체 명	지 원 액	
남북어린이어깨동무	2,916,263	40
남북제주도운동본부	3,040,000	1
농협중앙회	900,149	9
대한예수교장로회	366,836	4
대한의사협회	223,400	3
등대복지회	369,602	11
새마을운동중앙회	63,764	2
새천년생명운동	847,801	12
선한사람들	295,480	3
세계밀알연합	3,794,713	1
어린이의약품	2,130,970	15
연탄나눔운동	272,100	3
우리겨레하나되기	2,596,159	21
우리민족서로돕기	11,475,180	89
원 불 교	684,842	13
월 드 비 젼	3,959,241	24
유 진 벨	3,194,462	9
인터내셔날에이드	908,913	1
전남도남북교류협회	21,347	1
조평통일불교협회	589,772	11
천주교서울대교구	1,133,551	8
천주교주교회의	108,753	1
평화문제연구소	429,129	1
평화의 숲	312,790	5
한겨레영농조합	627,774	5
한겨레통일문화	471,820	1
한국건강관리협회	738,592	3
한국국제기아대책	340,851	7
한국대학생선교회	318,201	4
한국복지재단	854,642	17
한국불교종단협의회	683,386	9
한국유네스코	390,010	1
한국제이티에스	705,982	5
한국 YMCA	170,100	2
한민족복지재단	422,655	15
계	84,011,033	509

<표2-3> 종교별 해외 인도적 지원(원조) 실적   (03-05년 3년간), 단위 : 천원

	단체명	2003년, 금액 (건수)	2004년 (건수)	2005년 (현금)	2005년 (물품)	계(%)
개신교	광성 국제사랑의봉사단 굿네이버스 방글라데시개발협회 선한사람들 아시아협력기구 원동문화개발기구 월드비전 장미희 하나로 국제기아대책기구 해비타트 한민족복지재단 호산나 YMCA 〈15개 단체〉	33,006,679(13)	41,062,939(11건)	56,494,519	31,946,735	161,249,872 (91.7)
천주교	한마음운동본부 (1개 단체)	296,581(1건)	465,000(1건)	1,401986	303,352	2,466,919 (1.4)
불교	이웃을 돕는 사람들 지구촌공생회 (2개 단체)	651,054(2건)	588,000(2건)	776,772	-0-	2,015,826 (1.1)
무종교	가나안농군운동 글로벌케어 한방해외봉사단 국제멘탈서비스 새마을운동 세이브더칠드런 시민정보마다어 유니세프 연구보건복지협 정해복지 지구촌나눔운동 플랜한국위원회 건강관리협회 국제봉사기구 노인복지회 자유총연맹 (16개 단체)	5,670,754(7건)	3,316,933(6건)	949,077	-0-	9,936,764 (5.7)
원불교	아프리카 어린이 돕기 모임(1개 단체)			133,596	1,006	134,602 (0.0)
계	36개 단체	39,625,068(23건)	45,432,872(20건)	58,494,950	32,251,093	175,803,983 (100.0)

* 자료 : 한국해외원조단체협의회

종교를 중심으로 한 민간의 해외원조는 우리 국민 1인당 1,200원 해당된다!

◇참고 자료◇

정부 복지정책, 해외 공적개발원조(公的開發援助)와 세계 속의 한국종교

1) OECD기준 총사회복지지출(Gross Social Expenditure) 통계를 정부(보건복지부와 한국보건사회연구원)가 작성하고 있으나 종교부문의 지출통계는 노인 아동 등 5~6개의 극히 일부분의 사회복지시설 운영예산 지원 정도를 참고하는데 그치고 있다는 것은 정부와 종교사회 간의 이해와 협력적 관계를 위해서 유감스런 일이다.

2) 그리고 우리는 해외원조 실적이 낮아 OECD 회원국이면서도 개발협력위원회에 아직도 가입하지 못하고 있다. 따라서 우리 정부가 이제 아프리카 지원 등 대외지원을 높여 나가고 있다. 그러나 위의 표에서와 같이 우리 종교단체들이 최근 3년 간 연평균 약 6천만 달러를 해외 20여 개 빈민국을 돕고 있다.

또 우리나라 기독교선교사가 2000년 9,500명에서 2005년 말 현재는 160개국 1만4천86명(기독교해외선교위원회)으로 세계 선교국 2위, 선교비가 실제로는 약 3억 5천만 달러로 추산되고, 각 종교단체 합계는 연간 약 4억 달러가 될 것으로 추정된다. 우리 정부는 정부대로 적정수준으로 공적 개발원조를 늘려나가면서 과도기적으로 종교단체들의 해외원조와 선교금액 중 일부 복지성 지출분을, 우리나라 대외지원의 범주에 포함하여 OECD에 참고로 반영하는 것도 고려해 볼 수 있으리라고 본다. 왜냐하면 세계 속에서 강하게 작동하고 있는 우리의 잠재적 실천노력 정보를 세계와 공유한다는 의미에서, 그리고 개발도상국과의 생산적 관계를 위해서도 필요하다고 본다. 지금은 세계화, 정보화시대이며 그 속에 GO와 NGO가 같이 가야 하는 시대이기 때문이다.

〈표 2-4〉 수재의연금 최근 3년간 종교별 실적

(2003, 2005, 2006년) 단위 : 천원

	2003		2005(폭설)		2006		3년계, 평균 %	
	건수	금액	건수	금액	건수	금액	건수	금액
개신교	1,452	2,347,670	19	13,917	1,145	1,855,279	2,616	4,216,866(79.8)
천주교	12	5,987,	1	2,590	5	2,000	18	10,577(2.0)
불교	345	473,186	5	117,710	249	464,835	599	1,055,731(20.0)
3년 평균	1,809	2,826,843	25	134,217	1,399	2,322,114	3,233	5,283,174(100.0)

* 2005년도에는 모금 없었음.
* 개신교가 금액이나 건수면에서 공히 약 80%이고, 불교, 천주교순이다.
종교계가 전국 모금액의 2%선이다.

2003년 수재의연금 모금현황

구 분	건 수	금 액	비고(%) 건수	비고(%) 금액
일 반	1,981,587	21,364,775,817	99.09%	19.99%
기업체	5,544	68,748,974,616	0.28%	64.32%
공무원	1,925	3,509,018,538	0.10%	3.28%
학 생	8,671	9,418,163,916	0.43%	8.81%
기독교	1,452	2,347,670,016	0.07%	2.20%
대 순	96	899,717,800	0.00%	0.84%
불 교	345	473,186,780	0.02%	0.44%
천도교	5	6,756,000	0.00%	0.01%
천리교	19	20,630,000	0.00%	0.02%
천주교	12	5,987,970	0.00%	0.01%
성덕도	28	13,893,000	0.00%	0.01%
증산도	4	70,350,000	0.00%	0.07%
수운교	1	1,557,000	0.00%	0.00%
안식일	2	934,000	0.00%	0.00%
대율교	1	236,100	0.00%	0.00%
기 타	179	4,961,846	0.01%	0.00%
합 계	1,999,871	106,886,813,399	100%	100%
전국재해구호협회(ARS 1,953,689건은 일반에 포함)				

2005년 폭설의연금 현황

모금기간 : 2005년 12월 23일 ~ 2006년 1월 31일

구 분	건 수	금 액	비고(%)/건수	비고(%)/금액
일 반	223,235	1,296,078,141	99.79%	9.00%
기업체	256	11,826,388,639	0.11%	82.14%
공무원	114	1,063,119,084	0.05%	7.38%
학 생	50	77,950,015	0.02%	0.54%
기독교	19	13,917,420=>143,917.420	0.01%	0.10%
불 교	5	117,710,500	0.00%	0.82%
천주교	1	2,590,000	0.00%	0.02%
기 타	14	199,489	0.01%	0.00%
합 계	223,694	14,397,953,288	100%	100%

2006년 수재의연금 접수현황

(모금기간 : 2006년 7월 16일~12월 31일)

구 분	건 수	금 액	비고(%)/건수	비고(%)/금액
일 반	1,398,569	10,940,810,811	99.22%	13.81%
기업체	4,788	57,172,852,896	0.34%	72.15%
공무원	1,451	5,817,778,335	0.10%	7.34%
학 생	3,163	2,648,486,730	0.22%	3.34%
개신교	1,145	1,855,279,615	0.08%	2.34%
불 교	249	464,835,600	0.02%	0.59%
천주교	5	2,000,000	0.00%	0.00%
기타종교	6	1,570,000	0.00%	0.00%
기 타	192	342,537,072	0.01%	0.43%
합 계	1,409,568	79,246,151,059	100%	100%
전 국 재 해 구 호 협 회 (ARS 1,381,450 건은 일반에 포함)					

3. 종교별 사랑의 봉사활동

〈표3-1〉 종교별 사랑의 봉사활동(헌혈, 각막, 장기, 골수기증 및 호스피스봉사)

(2002-2004년)

	종교기관 헌혈(1998-2002년)수 (명),%		골수, 장기기증 수(명)(2002-2003년), %		호스피스(2002년)			계 평균%
					단체 수	봉사자 수	%	
개신교	209,162	83.4	19,100	27.6	52	3,910	95.8	**69.1**
천주교	25,007	10.0	4,351	6.3	4	118	4.2	**6.8**
불교	2,135	0.9	3,947	5.7	0	0	0.0	**3.1**
원불교	1,142	0.5	0	0.0	0	0	0.0	**0.3**
기타종교	13,315	5.3	7,100	10.2	0	0	0.0	**5.1**
무종교	0	0.0	34,920	50.2	0	0	0.0	**16.7**
계	250,761	100.0	69,418	100.0	56(90)	4,028	100.0	**100.0**

* 호스피스기관은 2006년 11월 현재는 개신교가 107개, 천주교가 14개. 불교가 4개소로, 전체 125개로 각 종교단체에서 확인되었으나 봉사자수는 확인이 안 됨.
* 자료 : 1. 헌혈 = 대한적십자사
       2. 장기, 골수기증 = 국립장기이식관리센터
       3. 호스피스 = 전국호스피스기관, 2002년 11월 30일, 조선일보

〈표3-2〉 최근 3개년 종교단체별 헌혈 실적

(2002-2004년) 단위 : 명

종교	2002년	2003년	2004년	계	비율
개신교	39,904	33,759	26,699	100,362	91.6%
천주교	3,185	2,325	1,967	7,477	6.8%
불교	349	193	285	827	0.8%
기타종교	166	391	322	879	1.3%
계	43,604	36,668	29,273	109,545	100.0

자료: 대한적십자사, 2005.

〈표3-3〉 종교별 골수, 각막, 장기기증 현황 종합분석

(2002~2004년) 단위 : 명(%)

	골수기증 희망	사후 기증 -각막-	생시 기증	뇌사 기증	장기기증 희망자	계(%)	비고 종교별 종교인구
개신교	16,564 (41.2)	34 (15.9)	972 (21.8)	53 (22.6)	23,746 (44.3)	41,369 (41.9)	18.6
천주교	5,536 (13.8)	28 (13.1)	373 (8.4)	22 (9.4)	2,843 (5.3)	8,802 (8.9)	7.0
불교	5,258 (13.2)	7 (3.3)	597 (13.4)	38 (16.2)	2,504 (4.7)	8,404 (8.5)	26.3
기타	10,105 (25.2)	17 (7.9)	1,131 (25.4)	41 (17.5)	11,686 (21.8)	22,980 (23.3)	1.0
없음	2,663 (6.6)	128 (59.8)	1,384 (31.1)	80 (34.2)	12,817 (23.9)	17,072 (17.3)	46.4
계	40,126 (100.0)	214 (100.0)	4,457 (100.0)	234 (100.0)	53,596 (100.0)	98,627 (100.0)	100.0

*자료: 국립 장기이식관리센터(kONOS), 2005.   * 통계청 인구(종교)통계조사, 1999.

〈표3-4〉 골수기증 희망자

단위: 명

종교	2002	2003	2004	계	비율
개신교	6,199	4,828	5,537	16,564	41.2%
천주교	1,317	1,654	2,565	5,536	13.8%
불교	1,453	1,658	2,147	5,258	13.1%
기타	3,206	3,013	3,886	10,105	25.2%
없음	884	1,196	583	2,663	6.6%
계	13,059	12,349	14,718	40,126	100.0

*젊은이들의 작은 헌신이 요구되는 분야

〈표3-5〉 생시기증자(신장, 간장, 골수)

단위: 명

종교	2002	2003	2004	계	비율
개신교	298	329	345	972	21.8%
천주교	138	105	130	373	8.4%
불교	202	190	205	597	13.4%
기타	346	378	407	1,131	25.4%
없음	467	457	460	1,384	31.1%
계	1,451	1,459	1,547	4,457	100.0

* 주로 친인척간에 이루어짐

〈표3-6〉 사후기증자(각막)

단위: 명

종교	2002	2003	2004	계	비율
개신교	6	13	15	34	15.9%
천주교	10	10	8	28	13.1%
불교	3	2	2	7	3.3%
기타	5	4	8	17	7.9%
없음	37	40	51	128	59.8%
계	61	69	84	214	100.0

<표3-7> 뇌사기증자

단위: 명

종교	2002	2003	2004	계	비율
개신교	9	15	21	45	23.7
천주교	2	7	10	19	10.0
불교	5	10	14	29	15.3
기 타	6	11	13	30	15.8
없 음	14	25	28	67	35.7
계	36	68	86	190	100.0

<표 3-8> 장기기증 희망자

단위: 명

종교	2002	2003	2004	계	비율
개신교	4,119	3,407	16,220	23,746	44.3%
천주교	152	1,137	1,554	2,843	5.3%
불교	197	628	1,679	2,504	4.7%
기타	179	493	11,014	11,686	21.8%
없음	2,027	5,934	4,856	12,817	23.9%
계	6,674	11,599	35,323	53,596	100.0

#관련 기관 : 헌혈, 골수기증 : 대한적십자사 T.02-3705-8411
헌혈 : 한국생명나눔운동본부 T.02-2616-7179
장기기증 : 사랑의장기기증운동본부 T.02-363-2114

호스피스(Hospice)

의학기술이 급속히 발전하고 있으나 아직도 많은 환자들이 다양한 질환으로 고통받으며 죽어가고 있는 현실이다. 1960년대 미국과 영국에서는 말기환자들이 필요한 검사나 치료를 받으면서 고통스러워하고 가족들 또한 정신적, 사회적 부담을 느끼게 되는 의료서비스에 대한 대안으로 **'호스피스 완화의료(緩和醫療)'**를 창시하게 되었으며 그 기본정신은 삶의 가치, 의미와 그 질을 임종시까지 지키고 존중하고자 하는 것이었다. 한국에서의 호스피스봉사자는 1987년 세브란스가 국내외 후원금에 의해 최초로 시작했다.

완화의료란 : 의사의 최선의 치료에도 불구하고 그 치료효과가 나타나지 않고 서서히 나빠질 수 있다. 질환이 말기가 되면 환자들은 통증, 호흡곤란, 빈혈, 오심구토, 변비부종, 배뇨곤란, 복수, 발열 같은 많은 증상들로 신체적 고통을 경험하게 된다. 또한 말기환자와 그 가족들은 다양한 심리와 사회적인 문제로 마음에 고통을 경험하게 된다. 환자가 작고하면 홀로 남게 되는 가족들은 상실의 슬픔을 오랫동안 경험하게 되며 동시에 홀로서야 하는 어려움에 직면하게 된다.

이에 호스피스는 말기환자와 그 가족들을 대상으로 의사, 간호사, 사회사업가, 성직자, 약사, 영양사 및 기타 자원봉사자가 팀을 이루어 필요 적절한 도움을 지속적으로 제공하는 역할을 담당한다. 즉 말기환자들에게는 증상관리를 통해 최대한 고통이 완화될 수 있도록 도울 뿐 아니라 정서적, 영적인 지지를 통해서 마지막 인생길을 의미 있게 만들어 갈 수 있도록 도와 드리고 또 경건함을 유지할 수 있도록 힘을 북돋아주는 역할을 하는 것을 말한다.

세브란스호스피스의 경우 환자가 타계한 후에는 유가족 담당 호스피스가 13개월 동안 슬픔치유과정을 지켜 주고 있다. 환자가 입원 중일 때에는 병실로, 퇴원했을 때에는 가정방문으로 돕고 있다. 이와 같이 호스피스는 인생의 마지막 여정을 지키는 파수꾼으로 자원봉사를 하는 활동이다.

4. 종교별 교정복지봉사 현황

<표4-1> 종교별 교도소 재소자, 출소자를 위한 봉사(교정복지)

(2002-2003년)

	종교위원 수 %	소년원 종교위원수 %	새신자 수 %	자매결연 횟수/인원, %	불우수용자 및 가족돕기 인원/금액(천원),%	5개 분야야 평균, %
개신교	948 (50.9)	479 (49.6)	4,343 (43.7)	678/1,510 (52.3)	14,842/180,830(57.7)	**54.8**
천주교	316 (17.0)	127 (13.2)	2,398 (24.1)	257/790 (27.4)	4,979/73,892(23.6)	**20.8**
불교	582 (31.3)	242 (25.1)	3,048 (30.7)	217/555 (19.2)	5,014/57,410(18.3)	**23.4**
원불교	16 (0.9)	117 (12.1)	147 (1.5)	13/32 (1.1)	67/1,030(0.3	**0.9**
계	1,862 (100.0)	965 (100.0)	9,936 (100.0)	1,165/2,887 (100.0)	24,902/313/162(100.0)	**100.0**

* 자료 : 법무연감, 법무부 교화과, 소년2과

<표4-2> 종교위원 종교별 현황

(2004년)

	개신교				불교				천주교				원불교
	소계	목사	전도사	신도	소계	승려	법사	신도	소계	신부	수녀	신도	
1,876	956	663	82	211	584	380	86	118	320	22	21	277	16
계(100.0)	51.0				31.1				17.1				0.9

<표4-3> 종교별 교도소 재소자를 위한 봉사

	선도위원 (2001년 현재)		보호소년 지도위원 (99.1. 현재)		금품지원 (단위:천원) (1996년~1998년)		자매결연 (1998년)		취업알선 (1996년-1998년)		5개분야 전체평균
	수(명)	%	수	%	금액	%	인원	%	인원	%	
개신교	955	50.6	413	51.4	988,199	43.0	2,395	60.8	44	61.0	53.3
가톨릭	334	17.7	164	20.4	466,190	20.3	811	20.6	22	30.6	21.9
불교	597	31.7	171	21.7	843,952	36.7	732	18.6	6	8.3	23.4
원불교			56	6.7							1.4
계	1,889	100%	804	100%	2,298,341	100%	3,938	100%	72	100%	100%

전과자의 재범률이 평균 약 30%로, 재소자의 인성교육과 적절한 관리는 중요한 과제이고, 범죄문제는 가해자나 피해자의 불행일 뿐 아니라, 연간 수십조 원의 사회경제적 비용이 발생한다. 그러나 우리는 아직도 선진국 수준의 교도행정은 하지 못하고 있다. 예를 들면 소년보호 관찰관이 소년 300명당 1명밖에 안 되는 가운데, 매년 3만여 명의 새 입소자를 맞는 열악한 교도예산을 볼 수 있다.

이에, 법무부는 1983년부터 종교귀의(宗敎歸依)에 의한 심성순화로 도덕성을 회복시키고, 삶의 질을 향상시키고 건전한 삶을 지향하도록, 목사, 신부, 승려와 평신도들이, 수형자를 대상으로 1인 1종교를 갖도록 적극 장려해 오고 있으며, 출소 후에도 신앙생활이 유지될 수 있도록 배려하고 있다. 우리 종교인들(성직자와 평신도)이, 위 표 내용들과 같이 성인재소자뿐만 아니라, 소년원생들에게도 다양한 노력을 하고 있다. 또, 개신교에서는 350억 원을 들여 **대형 민간교도소 건립**을 인가받아 건립중이고, 천주교에서는 50인 미만의 **미니교도소 설립**을 구체적으로 추진 중이기도 하다.

〈시론〉

'범죄비용의 경제학'

1993년 한국형사정책연구원이 연 국제학술대회에서 영국 케임브리지 대학의 윌킨스 교수는 각 나라의 경제정책과 형사정책이 상호 밀접한 관련이 있고 구금율과 상위 5%에 속하는 소득계층에 귀속되는 소득액 사이에 상관관계가 있는 놀라운 사실을 발견했다고 발표했다. 결국 부의 집중현상이 두드러진 나라일수록 구금율이 높았는데 이는 상류층 사람들에게 높은 수준의 보상을 할 필요가 있는 나라에서는 범죄자들을 준엄하게 처벌할 필요가 있기 때문인 것으로 보인다는 것이다. -중략-

우리는 출소된 피보호자에 대한 생활지도, 취업알선, 생업자금 조성 지급 등의 역할을 담당하는 갱생보호위원으로 주로 성직자와 종교인들 외에 종업원 1백인 이하 중소기업의 대표가 맡아서 봉사해야 한다는 것이다.

이제 대기업들이 발 벗고 나서서 범죄비용 줄이기 투자도 병행해야 한다. 갱생보호위원도 하고 고용도 해서, 소외된 계층을 싸매주고 끌어안아 기업의 용광로에서 순화시켜야 한다. 소위 3천대 기업이, 평균 2-10명씩만 끌어안아 새사람을 만들면 재범자는 없어지는 것과 같다. 거기에 드는 투자금액은 그 동안 사회에서 얻었던 이익과 범죄비용에 비하면 아무것도 아니다.

실제로 1993년도 필자가(경실련 경제정의연구소) 전체 상장제조업을 대상으로 "전과자 고용이 귀사의 생산성 향상과 범죄예방에도 도움이 된다고 생각하십니까?"라는 설문조사에서 250개 응답회사 중 54%가 긍정적으로 대답하였다. 한 회사는 전과자 기록을 완전히 없앴다. 그러나 응답회사 중 고용실적은 11%에 지나지 않았다.

법무부 관계관은 10여 년 전에 1개 대회사에 시험 고용시켰으나 실패했다고 부정적이지만 지역배치 분산 등 새로운 방법으로 재도전하면 승산이 있다는 것을 확신한다. 독일에서는 출소자가 취업하면 전과가 말소된다는 사실을 주한 독일대사관에서 확인할 수가 있었다. 우리나라는 앞의 설문응답 기업 중에서 1개 회사만 그와 같이 하고 있어서 전과자 고용의 문제가 전과자에 대한 인식부족과 기업 내 인사기록 체계에서 문제가 있는 것으로 보인다.

늦었지만 선진국에서 시행하고 있는 것처럼 법무부 협조를 받아서 노동부가 주관하여 3백인 이상 사업장에 전과자 고용 의무규정을 두어 기업의 사회적 책임을 다하면서 생산성도 높이도록 입법화 하는 것이 매우 중요하다. 30대 이하가 약 50% 정도를 차지하고 훈련만 시키면 노동의 질은 높다는 것이다. 법무부와 노동부가 연대해서 다양한 직업훈련도 시켜 기업에 배치하면 출소자의 새출발과 기업의 생산성이 동시에 만족하게 되고 국민의 행복지수를 높이는 일거삼득의 효과를 얻을 수가 있다고 본다. 그 결과 물밀듯 들어오는 외국인 근로자 문제도 완화될 수 있다.

〈경실련 경제정의연구소 연구실장〉

* 이 글은 1996년 11월 13일자 한국경제신문에 필자가 기고한 것 중 전과자취업 등에 관해 지금도 참고가 될 것으로 보는 일부를 발췌하여 싣는다.

5. 해외선교사 파송현황

〈표5-1〉 해외선교사 현황

(2002년 현재)

종교	단체 수 (국내 외국인 선(포)교사)	파견인원 (국내 외국인선(포)교사)	(추정예산) (단위 : 백만달러)%	비고
개신교	65(22개)	9,514(507)	228**(92.7)**	1억 4천 7백만$ 추정 (월간 조선 2000년 9월호)
가톨릭	58(56개)	467(413)	11**(4.5)**	
불교	9(4개)	174(65)	4.2**(1.7)**	
원불교	1(1개)	115(10)	2.7**(1.2)**	
계	133(83)	10,370(1,020명)	약 246(100%)	

자료 : 1. 해외선교사 수 : 문화관광부, 2002년 '한국의 종교현황'
2. 월간 조선 2000년 9월호 〈제〉地球村을 바꿔놓는 한국 선교사 8,200명의 大役事(부록 참조)

해외선교는 자기희생과 선교만으로 되는 것이 아니고 100여 년 전 해외선교사들이 우리나라에 선교전략으로 채택하여 오늘날의 대학, 병원, 장애인, 음악, 성 평등 등에 큰 기초를 쌓았던 것처럼, 교육, 복지, 의료 등 지원이 수반됨으로 해외복지, 의료, 교육지원과 상당한 관계성이 있다. 기독교가 절대 우위를 점하는 이유는 1백여 년 전 한국에서 봉사한 기독교 선교사들의 정신을 이어가며 되갚음 하겠다는 강한 의지로 보여진다.

최근 1년 4대 종교단체가 약 1만5천 명에, 약 3~4억 달러 예산으로 추정되는 바

국내 외국인 선(포)교사 추정예산(약 3,000만 달러)을 빼면 순 해외 선(포)교비 총액은 약 3억5천만 달러 이상으로 추정된다.

(* 예산계산기초 : 1인 선(포)교사 생활비 1천5백 달러+개척활동비 5백 달러/월 × 12 × 해외선교사 수)

<표5-2> 해외의료선교사 파송현황

	참가지역(국가)	참가인원(명)	봉사일수	단기진료건수(과)	예산지출	선교지 설립병원수(병상 수)	해외상주 의료진(명)	설립병원포함, 진료건수/1일
개신교	7	392	274	16,028(11)	846,881,000	7(513)	99 (한국인 22)	865,6명
천주교	4	48	210	14,367(7)	80,000,000			574명
계	11	440	484	30,395(11)	926,881,000	7(513)	99	923명

* 자료 : 개신교는 연대 원주 의과대학 외 4개 선교회, 천주교는 한국가톨릭의료협회

개신교는 단기의료선교사 제도 말고도 현지에 7개 병원(병상 수 513개)을 세우고 현지 의료진을 포함 99명의 의료진이 연간 약 30만 명의 환자를 진료하고 있다. 1992년부터 2006년까지 5개 기관(연세의대 원주 및 서울, 대구 동산, 광주 기독, 전주 예수병원, 안동 성소병원 등)이 해외의료선교협회를 만들어 조직적으로 시행해 왔다.

천주교는 1989년부터 2005년까지 가톨릭의료협회에서 신부 1인이 주축이 되어 시행해 왔고 최근 2~3년간의 공백 기간을 거쳐 2007년부터 조직적으로 해외의료선교에 들어갔다.

개신교는 방글라데시, 캄보디아, 러시아, 필리핀, 베트남, 카자흐스탄 등 6개국 7개 지역에서, 천주교는 에콰도르, 케냐, 몽골, 콜롬비아 등 4개국에서 활동하고 있다. 물론 개신교나 천주교나 개인적인 소명의식으로 해외의료선교를 하는 예는 여기에서 제외되었다.

6. 국정감사 우수국회의원 종교별 현황

<표6-1> 국정감사 우수국회의원 종교별 현황

(17대 국회 3년, 16대)

구분 종교	2004년 우수의원 수(명) %	2005년	2006년	2004-2006년 평균 % 우수의원 수(명) %	17대 종교 인구(명) %	*16대 우수의원 수 (명) %	*16대 종교 인구(명) %
개신교	37(49.3)	33(41.3)	15(19.2)	28.3(36.4)	**128(42.8)**	22.8**(38.1)**	*16대 종교 106(38.7)
천주교	11(14.7)	11(13.8)	10(12.8)	10.7(13.7)	**69(23.1)**	11.8(19.6)	63(23.0)
불교	3(4.0)	5(6.3)	4(5.2)	4(5.1)	**39(13.0)**	5.3(8.8)	42(15.3)
소계	51(68.0)	49(61.3)	29(36.3)	43(55.3)	**236(78.9)**	39.9(66.6)	211(77.0)
무종교	24(32.0)	31(38.8)	49(62.8)	34.7(44.6)	**63(21.1)**	20(33.4)	62**(22.6)**
계	75(100.0)	80(100.0)	78(100.0)	77.7(100.0)	**299(100.0)**	59.9((100.0)	274(100.0)

* 자료 : 1) 종교인 의원 : 국회의원 각 종파 신우회
2) 국감우수의원 : 국정감사 NGO모니터단
3) 경력 및 학력 : 국회의원 수첩

지난 3년 총 재적의원(299명) 대비 평균 우수의원(77.7명) 비율은 26.0%로, 16대 4년간 평균 21.9%보다는 약 4% 정도만이 상승했다. 그리고 16대나 17대 모두 종교그룹이 절대적으로는 무종교그룹보다 우수의원 비율이 높다. 그러나 자체인구 대비 상대적으로는 무종교그룹이 종교그룹보다 우수의원 비율이 높다. 우수의원 종교별 절대비교에서는 개신교가 압도적으로 높고 천주교, 불교 순이었다.

그리고 전체종교그룹 우수의원이 16대보다 10% 이상 감퇴하고, 반대로 무종교그룹의 우수의원은 10% 이상 상승하였다. 전 국민의 종교인 비율이 53.1%선인데 비해서 17대 의회의 종교인의원 비율은 78.9%로, 전 국민 종교 비율보다 25.9%나 높다.

오늘날 여야나, 종교인의원이나 무종교인의원을 막론하고 정치 전체에 대한 국민들의 실망이 팽배하고 있다는 점에서 보면, 남은 임기 동안 모든 정치인의 분발이 요구되고 있고, 특히 종교인 의원들은 그들의 획기적인 노력이 없다면, 당선을 위하여 종교를 이용한 것으로 충분히 오해를 받을 수도 있을 것이다.

우리종교계가, 종교정당구상보다는 좋은 신앙적 정치인을 양성해야 한다. 나라를 위한 기도 못지않게 종교를 가리지 않고, 좋은 대통령과 정치인을 뽑는 노력이 어려운 우리 이웃을 간접적으로 돕는 첩경이라는 사실을 심각하게 새로 인식해야 한다. 따라서 지금같이 진실된 종교성이 부족한 종교인 국회의원들의 국정운영성적에 대해서 종교계도 깊이 반성해야 하고, 종교가 부패하면 정치가 부패한다는 경구를 종교인들과 특히 종교지도자들은 명심해야 한다.

〈표6-2〉 17대 국회 장기기증서약 종교별 현황(2004-2005년)

2004년 등원기념 38명 중 기증서약 종교비율이나, 2005년 1월 28일 추가로 기증 서약한 종교별 비율이나 같은 흐름을 보여 합계하여 처리했다.

개신교	가톨릭	불교	무종교	계
50	23	8	23	104명
48.1	22.1	7.7	22.1	100.0%

자료 : 사랑의 장기기증운동본부

제언
국정개발을 위한 통계적 접근

 실업대란과 서민경제는 피폐한 가운데 성장과 분배는 논쟁의 대상이고 사립학교법 등 쟁점법안과 예산안이 정상적인 국회절차를 통해서 처리되지 못하는 정쟁의 구태를 벗어나지 못했다는 여론이 따가운 가운데 17대 의회 2년간의 회기가 마감되고 새해를 맞았다.
 이렇게 지난 1년 동안도 정치, 사회, 경제적 혼돈은 극에 달했던 한 해였다. 때문에 엄청난 역사발전과정의 기회비용을 최소화하며 현재의 이 아픈 고통을 미래의 목표에 조화롭게 연착륙시키려는 열정과 지혜와 협동이 정치권 중심으로 절실한 시점이기도 하다.
 대기업윤리를 평가해 온 필자는 16대 국회부터 득표의 한 간접 평가지표이기도 한 국회의원의 종교가 단순한 득표수단이 아니고 의정활동 속에서도 청지기적 신앙심으로 연결되어 보다 좋은 정치를 통한 통합된 더 좋은 국가를 열어가는 데 기여해야 한다고 보고 종교별 의정활동성과(成果)도 처음으로 비교하여 보았다.
 "좋은 평가시스템의 존재 자체가 사회적 효익을 증대시킨다는 것이 학계의 정설이다."
 또 종교별과 함께 의원들의 차가운 머리와 따뜻한 가슴을 판별하여 보기 위해 출신대학별, 언론, 변호사, 운동권 등 NGO와 학생회장 출신 등 6~7개 분야를 대상으로 국감우수의원을 비교분석해 보았다.
 왜냐하면 '간디'가 "정치와 종교는 하나로 조화를 이루고 있다"고 강조한 것은 정치꾼들의 진흙탕싸움 같은 속된 정치가 아니다. 모든 이들의 세상살이를 위한 진리추구의 정치를 가리키는 것이다. 우리 의원들이 종교적 신념과 도덕성, 대학의 봉사정신과 운동권이나 변호사, 언론인 출신 등 정의로운 사회를 염원하며 배우고 일했던 경험들이 어떻게 국정운영에 실제로 연결되고 있는가를 살펴봄으로써 각기 정체성을 확립하고 종교간, 대학간, 각 부문 간의 선의의 경쟁을 통한 의정활동의 질을 높이는데 건강하게 도움이 된다고 믿기 때문이다. 또 신앙이나 지식과 정의감은 정직성과 나눔과 봉사와 사랑의 통합된 공생의 정신을 전제로 하지 않으면 국가와 사회는 물론 결국 자신까지도 해칠 수 있는 유혹에 빠질 수 있기 때문이다.
 "나는 정치적 실책을 미워한다. 왜냐하면, 그것은 수백만 명의 국민을 불행과 참혹 속에 빠뜨리기 때문이다"라는 괴테의 경구와, "소수는 대표자라는 임무를 떠맡게 되지마는 종종 다수의 약탈자가 되는 경우도 있다"의 헤겔로부터 이제는 자유로워져야 한다.
 국정감사 NGO모니터단의 평가 성적으로 보면 17대 국회는 16대 국회 때보다 다소 나아지고 있다. 특히 초선의원을 중심으로 의결과정에서 당론과 달리 소신에 따라 투표하는 비율도 증가하고 있다는 긍정적 전제에도 불구하고 지난 2년간, 지기자신과 국민과 민족에게 정직하며 정치적 큰 실책을 하지 않했는지, 그리고 얼마나 지혜롭게 열심히 봉사하고 협력했는지를 심각하게 뒤돌아보고 거듭나야만 이 고비용(高費用)의 역사적 반동기를 극복하고 새 역사를 앞당길 수 있다고 본다.

특히 분석대상이 된 종교계는 물론 우리 국회의원 전체 중 약 70% 이상을 차지하는 이른바 일류대학, 변호사, 학생회장, 운동권 출신 등의 성적이 그렇지 않은 대학이나 상식적인 사회경험을 한 의원그룹보다도 현저히 떨어지고 있는 모습은 당사자들은 물론 우리 사회의 큰 불행이다.

그런 배경에는 입신출세나 과거의 보상으로 이루어진 안정된 기반이 현실안주를 하게 만들고 이타적인 헌신을 방해하는 것으로 보인다. 이렇게 우리들에게 큰 실망을 안겨 주는 지적 보수와 열정적 진보세력이 국민에게 실제로 어떤 변화를 약속하고 실천할 것인가를 묻고 싶은 것이다.

끝으로 정치를 감시하는 수많은 NGO가 있고 대학이 있는데도 불구하고 지금까지 낙선낙천운동보다도 더 중요한, 그리고 합법적으로 할 수 있는 정확한 국회의원 평가 즉, 국정감사부문뿐 아니라 예산안심의와 입법 활동 등 전반에 걸쳐서 의원별 성적을 종합평가를 해내지 못한다는 사실은 참으로 유감스러운 일이다. 금년에는 국정개발의 귀중한 지표와 시민주권시대의 명예를 위해서도 기필코 종합평가방법을 창출하기를 촉구해 마지않는다. 정치가 만사인 이상 입체적이고 정확한 의정활동평가로 건전하게 국회를 독려하고 유권자인 국민을 교육할 수 있는 시스템이 시급한 것이다.

(한국종교사회윤리연구소 소장)

* 이 글은 2005년 월간 「국회저널」 신년호에 필자가 기고한 글이다.

7. 종교별 교육사업 현황

<표7-1> 3대 종교별 교육사업 현황

(2002년)

종교	학교 수	학생 수	교사(교수)수	학교, 학생
불교	23(5.3%)	51,981명(6.8%)	1,942(7.4%)	6.8%
개신교	323(74.9%)	618,379(80.3%)	19,659(75.0%)	80.3%
가톨릭	85(19.8%)	99,495(12.9%)	4,615(17.6%)	12.9%
계	431개(100%)	769,855(100%)	26,216(100%)	100%

초등학교에서 대학까지 기독교가 절대적 우위에 있고 천주교와 불교가 다음 순위이다.

* **한국 전체학교**(초등교 이상) **중 사립학교 비율**(2005)
  1) 전체학교 수 11,184개 중 2,096개(18.7)
  2) 학생 수 11,321,687명 중 3,889,478명(34.4)
  3) 교원 수 453,366명 중 129,924명(28.7)
  * 자료원천 : 교육통계연보 2005년

<표7-2> 종교 주일학교, 교사, 학생 수 추계

(2005년)

	교사 수(명)	학생 수(명)
개신교	250,000	1,500,000
천주교	17,906	231,081
불교	미상	미상, 자료협조 안 됨
계	약 27만 명	약 180만 명

자료 : 개신교 각 교단, 천주교중앙협의회, 2005년

<표 7-3> 지역아동정보센터(18세 미만 영세아동)

(2005년)

```
*지역아동정보센터 전국 총 429개(100%) 중
개신교 310(72.3)
천주교 32(7.5)
불교 6(1.4)
기타 7(1.6)
무종교 69(16.1)
```

자료: 보건복지부, 지역아동정보센터 2005. 10. 28.

조손(祖孫) 가정, 모자가정, 부자가정 등 빈곤지역 안에서 아동에게 학교교육과 가정교육의 보완적 기능을 담당한다. 즉, 빈곤아동을 교육, 보호하고 문제의 해결점을 위해서 찾아가는 복지의 공간이다. 이렇게 지역사회 안에서 통합적인 공간기능으로 지난 20년간 종교단체를 중심으로 순수민간차원에서 진행하여 왔다. 그러다가 지난 2004년부터는 아동복지시설로 제도화됨에 따라 점차 국가의 지원이 확대되어가고 있다.(시설의 절반 정도)

8. 종교별 형사범죄 현황

〈표8-1〉 종교별 형사범죄(형법범)
　　　재산, 강력, 공무원, 풍속, 기타범죄 등 11개 분야(2003-2005년)
　　　종교인 등이 마땅히 지켜야 할 윤리, 사회법(소극적 윤리)

(단위 : 명)

년도	합계(명)	소계	불교	개신교	천주교	원불교	기타종교	무종교	미상
03	2,296,945	730,165	411,331	233,542	74,032	1,699	9,959	1,138,331	429,490
	100.0	31.8	17.9	10.2	3.2	0.1	0.4	49.6	18.7
04	2,284,095	766,814	367,974	234,515	39,486	6,586	118,253	961,324	555,557
	100.0	33.6	16.1	10.3	1.7	0.3	5.2	42.1	24.3
05	1,965,571	595,693	269,068	186,876	33,147	4,787	101,844	804,904	564,974
	100.0	30.3	13.7	9.5	1.7	0.2	5.1	41.0	28.7
3년 평균	2,182,204	697,557	349,457	218,308	48,889	4,357	76,685	968,186	516,674
	100.0	32.0	16.0	10.0	2.2	0.2	3.5	44.4	23.8

	합계(천명)	종교소계(명)	불교	개신교	천주교	원불교	기타종교	무종교
총인구(05년 현재)	47,041	24,971	10,726	8,616	5,146	130	352	22,070
%	100.0	53.1	22.8	18.3	10.9	0.3	0.5	46.9
범죄/자체 인구당(명)	1명/22명	1명/36명	1명/31명	1명/39명	1명/105명	1명/30명	1명/15명	1명/23명

자료 : 1) 범죄분석 = 대검찰청(검찰, 경찰, 특사, 수사자료 집계)
　　　 2) 종교인구 = 통계청, 사회통계조사 보고서

＊ 형법범, 특별법범

검찰처분이 끝난 피의자 중 법인을 제외한 자연인이다. 그 중 2005년 기소율은 형사범 32.1%. 특별법범은 72.6%이고 기소된 것 중 확정판결 통계가 없어서 피의자 자료를 쓸 수밖에 없는 것이 유감이나, 범죄의 흐름을 보는 데는 참고가 되리라 믿으며 이를 위한 다른 대안이 없었다는 점을 밝혀 둔다. 그래서 28년간 누적분석과 최근 3년간 비교분석 등 지난한 노력을 할 수밖에 없었다.

＊ '미상' : 종교를 알 수 없는 부분이므로 이를 제외하고 분석했다.

횡단분석(3년간 평균%)을 기준으로

1) 절대적 분석 : 역시 무종교그룹이 종교그룹에 비해서 약 0.4배가 많았다.
2) 상대분석(각 종교(무) 인구대비) :

무종교그룹이 역시 종교그룹대비 높고, 종교별로는 원불교, 불교, 개신교, 천주교 순으로 높았다.(기타 종교그룹이 종교, 무종교 전체 중 현저히 높은 점이 특징이다)

3) 특징 : 천주교가 절대적으로도 제일 낮을 뿐 아니라 상대적으로도 무종교그룹보다 약 4.6배, 불교와 원불교의 3.5배, 기타 종교보다 22.9배, 개신교보다 2.7배나 낮은 범죄율을 보여 주고 있다.

천주교가 이렇게 다른 종교와 범죄가 차별화되는 이유는 '믿음과 함께 선행(善行)으로 구원 받는다'는 교리에 대한 신앙교육의 강조효과라고 볼 수 있겠다.

＊ 시계열로 연결성을 보기 위해서 아래 〈표8-2〉와 같이 과거 28년 간(1964-1992년) 누계로 계산한 자료를 참고로 제시한다.(＊ 1985년 통계청이 개신교와 천주교를 분리해서 종교통계를 냈지만, **대검찰청은 1994년까지 개신교와 천주교를 기독교로 합친 통계를 냈다**).

형사범죄자가 1964년 대비 2005년도에는 약 15배 증가, 1964~1992년의 **28년간 연평균 범죄피의자 수 대비 최근 3년 간 평균 범죄피의자 수는, 약 8배(7.9배)나 증가했음을 알 수 있다.** 따라서 여기에 수반되는 인간의 불행지수와 함께 사회경제적 비용도 그만큼 폭증하고 있는 것이다.

* 종교와 범죄와의 관계와 범죄분석자의 종교별 통계의 정확도를 확인하기 위한 전화설문 내용

필자의 1993년, 전화설문, "종교가 범죄예방에 영향이 있느냐?"는 설문에 '그렇지 않다'고 부정적인 답변을 한 곳은 한곳 뿐, 나머지 9개 경찰서에서는 '도움이 된다'는 긍정적인 답변을 하였다. "수치심에서 종교를 없다고 거짓 답변할 확률"에 대해서도 설문 받은 한 경찰관은 법집행과정에서 동정심을 받기 위해서 종교가 없는 자도 종교가 있다고 대답할 확률이 높고, 특히 기독교이인라고 할 확률이 많은데 그 이유는 범죄를 다루는 법조계 등에 기독교인이 많기 때문이라는 것이었다.

* 설문 대상 경찰서명 : 마포, 용산, 성동, 중부, 동대문, 강남, 성북, 청량리, 도봉, 서부

* **전체범죄 및 경제적 손실비용 : 약 80조 원 추정(2005년 현재)**
  2005년 국내총생산의 약 10.1%, 국민 1인당 약 1,700,000원에 해당

  내역 : 1) 정부의 비용 : 약 9~10조 원
  　　　　　(06년도 경찰 예산 6조2천5백만 원, 검찰, 법원, 법무부 등)
  　　　　　(자료 : 기획예산처)
  　　　2) 특별법범 재산피해 : 약 10조 원(9조3천억 원, 범죄분석, 대검)
  　　　3) 교통사고 외 : 약 10조 원(교통안전관리공단)
  　　　4) 불법시위 손실비용 : 12조3천억 원(KDI 2007년 1월)
  　　　5) 탈세 약 20조 원(조세연구원, 성명제 1999년 외)
  　　　6) 산업재해약 15조 원 : 사망 2.393명, 장애 36.973명,
  　　　　 부상 45.945명(자료 : 노동부 산업안전정책팀)
  　　　7) 환경오염 : 3조원1천650억 원(자료 : 한국은행 경제통계국)

* **기타 경제적 손실비용** : 1) 음주 흡연 약 15조 원(보건사회연구원 노인철)
  　　　　　　　　　　　　 2) 예산낭비

이상에서 비용을 예시한 것은 전 국민은 물론, 인구의 과반수를 넘는 종교인들과 종교단체들에게 현실인식을 위해 참고로 제시한 것이고, 더 한층 실감 있게 하기 위하여 전체 형법범의 사회경제적 비용을 종교별 법위반과 관련시켜 구체적으로 계산해서 아래에 제시해 보았다.

<표8-2> 범죄 유형(9개)별 형사범죄, 종교(무종교)별 현황

(1964-1992, 28년 간 누계)

罪　　種	계	종　　교　　별					무종교	미　상
		소　계	기독교	불교	유교	기타		
*형 법 범	7,722,035	1,697,325	596,915	949,701	19,650	131,059	5,953,612	71,098
	(100.0)	(22.0)	(7.7)	(12.3)	(0.3)	(1.7)	(77.1)	(0.9)
*강력범죄	1,162,196	256,807	92,154	141,684	3,089	19,880	891,674	13,715
	(100.0)	(22.1)	(7.9)	(12.2)	(0.3)	(1.7)	(76.7)	(1.2)
1) 살　　인	16,255	2,901	1,181	1,412	29	279	13,210	144
	(100.0)	(17.8)	(7.3)	(8.7)	(0.2)	(1.7)	(81.3)	(0.9)
2) 강　　도	82,331	14,619	6,788	6,508	112	1,211	66,856	856
	(100.0)	(17.8)	(8.2)	(7.9)	(0.1)	(1.5)	(81.2)	(1.0)
3) 강　　간	128,377	26,377	10,320	13,727	201	2,129	101,388	612
	(100.0)	(20.5)	(8.0)	(10.7)	(0.2)	(1.7)	(78.9)	(0.5)
*공무원 범죄	50,948	11,329	4,151	5,964	242	972	38,931	688
	(100.0)	(22.2)	(8.1)	(11.7)	(0.5)	(1.9)	(76.4)	(1.4)
*풍속범죄	766,562	163,898	42,791	107,753	1,764	11,590	600,401	2,263
	(100.0)	(21.4)	(5.6)	(14.1)	(0.2)	(1.5)	(78.3)	(0.3)
*기타형법범죄	449,579	118,131	39,797	66,996	1,858	9,480	327,383	4,065
	(100.0)	(26.3)	(8.9)	(14.9)	(0.4)	(2.1)	(72.8)	(0.9)
1) 유　　기	7,286	1,224	441	662	13	108	5,954	108
	(100.0)	(16.8)	(6.1)	(9.1)	(0.2)	(1.5)	(81.7)	(1.5)
2) 낙　　태	1,484	293	128	132	7	26	1,160	31
	(100.0)	(19.7)	(8.6)	(8.9)	(0.5)	(1.8)	(78.2)	(2.0)
3) 교통 사범	12,748	3,773	1,052	2,384	47	290	8,906	69
	(100.0)	(29.6)	(8.3)	(18.7)	(0.4)	(2.3)	(70.0)	(0.5)

9. 종교별 생활관련 11개 분야 특별법범 현황

종교별 생활관련 11개 분야 특별법범 현황(2003-2005년)

-교통사고, 변호사법위반, 병역법, 탈세, 윤락행위단속법, 식품위생법, 환경법, 개발제한지역지정법, 집시법, 청소년보호법, 청소년 성 보호법-

특별법범 전체에 대한 종교별 위반 3년간 성적도 위의 전체형사범죄 위반 성적과 비슷하므로 여기서는 생략하기로 하고 그 중 중요한 범죄만 아래와 같이 부문별로 분석하였다. 또 형사범죄에서처럼 기타 종교 중에는 유교, 천도교는 포함되지 않았다.

〈표9-1〉 교통사고처리특례법 위반 및 음주운전 측정거부
(표9-1의 1) 특례법 위반 수

(2003-2005년) (단위 : 명)

연도	합계	종교소계	불교	개신교	천주교	원불교	기타종교	무종교	미상
2003년	217,997	53,208	29,628	17,725	4,715	162	906	157,776	7,013
2004년	210,598	53,563	21,424	16,459	1,917	694	12,552	101,172	55,863
2005년	191,022	43,444	15,216	13,108	1,500	479	12,832	85,297	62,281
3년평균	206,539	50,072	22,089	15,764	2,711	445	8,763	114,748	41,716
%	(100.0)	(24.2)	(10.7)	(7.6)	(1.3)	(0.2)	(4.2)	(55.6)	(20.2)

(표9-1의 2) 음주운전 측정거부 수

	전체 합계 (명)%	소계	불교	개신교	천주교	원불교	기타종교	무종교	미상
음주운전	329,784	121,237	49,554	32,686	5,700	1,203	32,082	203,404	5,143
	100.0	36.8	15.0	9.9	1.7	0.4	9.7	61.7	
측정거부	4,245	1,577	708	408	77	15	369	2,546	122
	100.0	37.1	16.7	9.6	1.8	0.4	8.7	60.0	
계	334,029	122,814	50,262	33,094	5,777	1,218	32,451	205,950	5,265
	100.0	**(36.8)**	**(15.0)**	(9.9)	(1.7)	(0.4)	**(9.7)**	**(61.7)**	(1.6)

〈표9-1의 1〉은 〈표9-1의 2〉의 원인요소인 점과, 종교와 음주문화관계에 대한 참고자료로 추가분석했다. 무종교그룹은 종교그룹보다 약 2.3배 더 위반하고, 불교, 개신교순으로 위반하고 있으나 천주교가 상대적으로 제일 적게 위반하고 있다.

〈표9-2〉 변호사법 위반

(단위 : 명)

연도	합계	종교 소계	불교	개신교	천주교	원불교	기타종교	무종교	미상
03	1,160	241	140	72	24	2	3	196	723
04	1,021	336	176	113	17	0	30	241	444
05	941	244	120	77	18	3	25	177	520
3년 평균(%)	1,041 (100.0)	274 **(26.3)**	145 (13.9)	87 (8.4)	197명 (1.9)	2(0.2)	193명 **(1.9)**	205(19.7)	5,623명

1) 종교그룹이 무종교그룹보다 높고 불교, 개신교, 천주교 순으로 높다.(상대적으로는 역시 전체 중 기타 종교그룹의 위반이 매우 높다.)

2) 법위반자 1,041명은 2005년 전국 변호사회원 수 7,605명 대비로는 13.7%에나 해당되는 엄청난 숫자다. 그러나 변호사법 위반자가 모두 변호사는 아니라는 점에서 변호사회원 중 법을 위반한 수와 비율은 확인할 수가 없는 것은 문제다.

<표9-3> 병역법 위반

연도	합계	종교 계	불교	개신교	천주교	원불교	기타종교	무종교	미상
03	23,895	6,112	2,405	2,609	675	11	412	11,836	5,947
04	20,021	6,841	1,976	2,734	432	51	1,648	8,292	4,888
05	16,314	5,856	1,535	2,255	352	40	1,474	6,803	3,855
3년 평균(%)	20,076 (100.0)	6,270 (31.2)	1,972 (9.8)	2,533 (12.6)	486.3 (2.4)	34 (0.2)	1,178 (5.9)	8,977 (44.7)	4,897

고위공직자, 정치인 자녀 등 우리 사회에 큰 문제로 대두되어 왔던 국민위화감의 대표적 현안의 하나다. 다소 하향세를 보이고 있으나 연간 2만 명 이상의 병역법위반은, 연간 군 입대 **장정수(壯丁數) 약 27만명 대비로서는 약 7%나 되는 엄청난 비율**이다. 절대적으로나 상대적으로나 무종교그룹이 위반이 많고, 종교 중에서는 기타종교가 매우 높고, 다음에 개신교가 많은 것이 특징이고, 천주교는 최하위 위반을 보여 준다.

<표9-4> 조세범처벌법 위반

연도	합계	종교계	불교	개신교	천주교	원불교	기타종교	무종교	미상
03	5,653	1,046	587	248	92	1	18	1,557	3,051
04	9,496	2,127	1,075	650	123	23	256	2,078	5,291
05	12,019	2,521	1,152	860	150	29	330	2,452	7,048
3년 평균(%)	9,056 (100.0)	1,898 (21.0)	938 (10.4)	586 (6.5)	122 (1.3)	53 (0.2)	201 (2.2)	2,029 (22.4)	5,130

납세는 법 이전에 종교법에서도 지킬 것을 선언하고 있고, 종교의 자비나 이웃사랑 간접 실천의 중요한 표현방법이기도 하다.

종교그룹과 무종교그룹 간에 큰 차이가 없는 것이 특징이고, 기타 종교그룹과 불교가 상대적으로 매우 높고, 다음이 역시 무종교이 높은 흐름이다. 그러나 전반적으로 감소추세가 이어지고 있는 점이 인정된다.

<표9-5> 윤락행위방지법 위반

연도	합계	종교 계	불교	개신교	천주교	원불교	기타종교	무종교	미상
03	11,163	4,130	2,763	976	346	6	39	6,025	1,008
04	9,869	3,838	2,303	972	174	29	360	5,262	783
05	2,008	733	487	149	38	2	58	1,026	749
3년 평균(%)	7,680 (100.0)	2,900 (37.8)	1,851 (24.1)	699 (9.1)	186 (2.4)	12 (0.2)	152 (20)	4,104 (53.4)	847

로마의 멸망도 성의 타락에서 원인을 찾기도 한다. 매매춘에 의한 에이즈의 대폭 증가도 큰 사회문제다. 상대적으로는 기타종교, 무종교, 불교순으로 매우 높다.

<표9-6> 식품위생법 위반

연도	합계	종교 계	불교	개신교	천주교	원불교	기타종교	무종교	미상
03	21,967	9,786	6,415	2,397	863	21	90	10,391	1,790
04	22,002	10,884	6,350	2,797	572	70	1,092	9,006	194
05	15,306	6,964	4,003	1,796	423	51	692	5,836	2,505
3년 평균(%)	19,758 (100.0)	9,211 (46.6)	5,589 (28.3)	2,330 (11.8)	619 (3.1)	47 (0.2)	625 (3.2)	8,441 (42.6)	1,496

어떤 경우에도 자기이익을 위해서 타인의 건강과 생명을 해치는 일은 용납되지 않는다. 상대적으로 불교가 매우 높다. 종교그룹이 무종교그룹보다 높다는 것도 불교와 기타종교의 영향이 크다.(역시 기타종교, 무종교가 전체 중 제일 높다)

<표9-7> 환경법 위반(대기, 수질, 폐기물)

연도	합계	종교 계	불교	개신교	천주교	원불교	기타종교	무종교	미상
03. 대기	4,731	994	499	336	85	6	71	1,053	2,684
04. 수질	2,336	517	266	168	49	9.3	60.3	514	1,387
05. 폐기물	2,848	722	385	220	60	12	52	646	1,480
3년 평균(%)	3,305 (100.0)	744.3 (22.5)	383.3 (11.6)	241.3 (7.3)	64.7 (2.0)	9.1 (0.3)	61.1 **(1.8)**	737.7 (22.3)	1,850

환경복구, 예방 및 관리비용이 2007년 기준으로 17조5천억 원(한국은행, 통계개발팀)에 이른다. 지구온난화도 가속화되고 있다.

전체적으로 3년간 감소추세에 있다. 종교, 무종교그룹 간에 차이가 없는 점이 특이하다. 종교인들의 환경마인드가 더욱 절실하다.(상대적으로는 역시 기타종교 그룹이 월등히 높다)

<표9-8> 개발제한구역의 지정 및 관리에 관한 특별조치법 위반(부동산 투기관련)

	합계	종교 계	**불교**	개신교	천주교	원불교	기타종교	무종교	미상
03	5,584	2,083	1,160	681	209	2	31	2,334	1,167
04	5,602	2,592	1,347	740	121	12	355	1,965	1,045
05	4,098	1751	870	577	114	13	166	1,489	858
3년평균 %	5,095 (100.0)	2,142 (42.0)	1126 (22.1)	666 (13.1)	148 (2.9)	9 (0.2)	184 (3.6)	1,929 (37.9)	1,023 (20.1)

종교그룹이 무종교그룹보다 높은 점이 특징이고 불교의 높은 위반이 종교계 전체를 높이는데 결정적인 역할을 하고 있다.
(역시 기타 종교그룹이 상대적으로는 전체 중 제일 위반율 높다)

<표9-9> 집회와 시위에 관한 법률 위반(불법데모)

	합계	종계	불교	개신교	천주교	원불교	기타종교	무종교	미상
03	971	241	117	80	34	1	8	657	73
04	1,308	439	142	171	31	2	87	761	108
05	1,350	431	136	184	48	6	54	840	79
3년평균 계%	1,210 (100.0)	370 (30.6)	132 (10.9)	145 (12.0)	38 (3.1)	3 (0.2)	50 (4.1)	753 (62.2)	87 (7.2)

무종교그룹이 종교그룹보다 2.2배나 높다. 종교 중에서는 개신교가 높다.(상대적으로는 기타종교가 역시 전체 중 제일 높다.)

2005년 불법시위비용 12조3천억 원(KDI)으로 국내 총생산의 1.5%를 지불하고 불법데모로 얻어지는 개인이나 단체나 국가전체의 이익의 가치성에 대해서 깊은 반성이 필요하다.

<표9-10> 청소년 보호법 위반

미성년자 약취, 유흥업소 출입, 술 담배 판매 등

	전체	종교 소계	불교	개신교	천주교	원불교	기타종교	무종교	미상
03	14,102	6,543	3,843	1,891	727	13	56	6,994	586
04	11,887	5,795	3,061	1,668	390	28	590	5,548	644
05	8,221	3,676	1,841	1,070	262	28	446	3,946	699
3년평균 (%)	11,400 (100.0)	5,338 (46.8)	2,915 (25.5)	1,543 (13.5)	460 (4.0)	23 (0.2)	364 (3.2)	5,496 (48.2)	643 (5.6)

무종교그룹이 높고 상대적으로는 불교가 제일 높고 개신교, 천주교, 원불교 순이다.(기타 종교가 전체 중 제일 높다.)

<표9-11> 청소년 성보호법 위반

	전체	종교 소계	불교	개신교	천주교	원불교	기타종교	무종교	미상
03	2,758	920	440	364	94	4	11	1,355	303
04	512	150	65	64	7	2	12	207	158
05	311	83	34	30	7	0	11	150	78
3년평균	1,194	384	180	153	36	2	11.3	571	180
(%)	(100.0)	(32.2)	(15.1)	(12.8)	(3.0)	(0.2)	(0.9)	(47.8)	(15.1)

아동을 표적으로 저지르는 천인공노할 성 범죄는 무종교그룹이 종교그룹보다 약 1.5배 높고 불교, 개신교순이다.(기타 종교그룹이 상대적으로 높다)

참고 자료와 도서

참고 도표

〈참고표 1〉 노인복지시설 종교별 현황

(2002년 12월말 현재)

시설 종류 종교	무료양호 시설	무료요양 시설	무료 전문	유료 요양	실비 요양	유로 전문	유로 양호	복지 주택	계
기독교	31	33	18	1	5	-0-	6	-0-	94(55.2)
천주교	19	13	6	1	1	-0-	2	-0-	42(24.7)
불교	10	13	3	-0-	1	1	2	1	31(18.2)
원불교	3	-0-	-0-	-0-	-0-	-0-	-0-	-0-	3(1.8)
소 계	63	59	27	2	7	1	10	1	170(100%)
무(시,군)	5	7	10	-0-	2	-0-	10	1	35(17.1)
계	68	66	37	2	9	1	20	2	205(100.0)

자료 : 노인복지시설협회

<참고표2> 미신고시설, 종교별 분야별 시설수 및 정원수

(2002년 말 현재)

종교별 시설	종교별 구분								무 종 교		합 계	
	기독교		천주교		불교		소계					
	시설개수	정원수	시설개수	정원수	시설개수	정원수	시설수	정원수	시설개수	정원수	시설수	정원수
장애인시설	95	2,264	41	548	-	-	136	2,812	1	9	137	2,821
아동시설	9	131	14	131	3	31	26	293	-	-	26	293
노인 시설	52	975	41	572	6	359	99	1,906	3	35	102	1,941
혼합시설	124	3,921	32	776	11	263	167	4,960	-	-	167	4960
청소년시설	11	215	25	325	1	7	37	547	1	14	38	561
모자부녀시설	1	10	-	-	-	-	1	10	-	-	1	10
부랑인시설	2	125	1	25	-	-	3	150	-	-	3	150
노숙자 시설	1	82	-	-	-	-	1	82	-	-	1	82
결핵시설	2	48	3	59	-	-	5	107	-	-	5	107
나장애 시설	1	22	1	89	-	-	2	111	-	-	2	111
정신요양 시설	3	53	-	-	-	-	3	53	-	-	3	53
기타시설	7	209	-	-	-	-	7	209	-	-	7	209
보호작업장	-	-	3	46	-	-	3	46	-	-	3	46
시설합계수%	301 (62.8)	7,846 (71.4)	158 (32.9)	2,525 (22.8)	21 (4.2)	660 (5.8)	480	11,031	5	58	485	11,089

자료 : 보건복지부자료로 본 연구소 설립자 종교 전화 확인

110,314명을 수용하고 있는 전국 495개의 미신고시설 중 성직자가 직접 설립 운영하는 곳은 개신교 96(목사 84, 전도사 12), 천주교 74(신부30, 수녀 44), 불교 12(승려), 계 182곳이었다.

각 종교성직자 인구 대비 상대적으로는 천주교가 제일 많다.(성직자 182명은 전체 종교설립 480개 시설의 37.9%에 해당된다.)

<참고표 3> 모자복지시설 운영실적

(2002년 2월말 현재)

종류 종교	모자보호시설		임시보호시설		미혼모시설		자립시설		계			
	시설수	정원수	시설수	정원수	시설수	정원수	시설수	정원수	시설수(A)		정원수(B)	A+B/2 ×100
기독교	30	816	5	215	4	155	2	46	41	74.5	1,232	**73.6**	74.0
천주교	5	161	4	109	3	140	-0-	-0-	12	21.8	410	**24.5**	23.1
불교	-0-	-0-	1	13	-0-	-0-	-0-	-0-	1	1.8	13	**0.8**	1.3
원불교	1	20	-0-	-0-	-0-	-0-	-0-	-0-	1	1.8	20	**1.2**	1.5
소 계 (%)	36 (100)	997 (100)	10 (100)	337 (100)	7 (100)	295 (100)	2 (100)	46 (100)	55	100	1,675	**100**	100
무 (시,군)	4	103	2	45	-0-	-0-	-0-	-0-	6	9.8	148	**8.1**	8.9
계	40	1100	12	382	7	295	2	46	61	100%	1,823	**100%**	100%

사회복지협 모자보호시설협회

모자보호협회에서는 최근 자료는 회원보호라는 명분으로 공개하지 않았다. 이혼율 증가와 가정해체, 청소년 성의 개방화 등 관민의 종합적 접근 대책이 필요하다.

<참고표 4> 정신요양시설 종교별 현황

(2002년 현재)

종교별 구분	요양시설개수(A)	종사자 정원	입소자 정원(B)	(A+B)	점유 비율
천 주 교	5	105	1,578	1,683	13.9
기 독 교	29	567	6,994	7,561	70.7
불 교	5	97	1,352	1,449	12.7
원 불 교	1	16	250	266	2.2(소계 100%)
무종교 및 기타 종교	15	245	3,084	3,329	(23.3)
합 계	55	1,030	13,258	14,288	100%

참고 도서

1. 한국갤럽, 「한국인의 종교와 종교의식」, 2004
2. 종교인구, 교당출석빈도, 산업별취업자 등, 통계청 사회지표, 2005
3. 노인복지시설협회 회원수첩, 2005년
4. 아동복지시설협회 회원수첩, 2005년
5. 장애인복지 관련시설 및 기관일람표, 국립재활원, 2006
6. 「사회복지관 백서」, 사회복지관협회, 2004
7. 범죄분석, 대검찰청, ~2005년
8. 새천년 종교윤리헌장, 새천년종교인윤리평화총연합, 2003
9. 「종교와 사회복지」, 심대섭, 1993
10. 「한국종교문화 비판과 대안」, 종교사회복지연구소, 2001
11. 「종교사회학」, 오경환, 1990
12. 「국가와 종교」, 최종고, 1983
13. 「막스 웨버 연구」, 최문환, 1981
14. 종교계의 사회복지활동현황과 활성화방안 연구, 한국보건사회연구원, 1999
15. 종립학교현황, 개신교, 천주교, 불교, 교육담당부서, 2002
16. 시카고 세계한인선교대회 취재기, 월간 조선, 2000
17. 성경적 기업윤리, 통합연구학회, 1997
18. 종교와 경제, 고려대 100주년기념 국제학술대회 기조강연
19. 범죄분석, 대검찰청, ~ 2006
20. 종교 사회복지의 정체성과 방향, 한국종교계대표자회의, 1999
21. 국회의원종교, 국회의원 3대 종교 신우회, 국회수첩, ~2006

22. 「탈세와 세무행정」, 한국조세연구원, 유일호, 2005. 12.
23. 대북인도적 지원의 영향력 분석, 통일연구원, 이금순, 2003. 12.
24. 「한국의 지하경제」, 미래사, 오대영, 심상민, 1995
25. 한국종교계의 사회복지시설 지원금 실태조사, 한국보건사회연구원, 2001-2003
26. 도로교통 사고비용의 추계와 평가, 도로교통 안전관리공단, 2003~2006
27. 「범죄백서」, 법무연수원, 1995
28. 「형사정책학」, 국시원, 1999.3.
29. 「현대종교학 담론」, 까치, 1999
30. 「법과 종교와 인간」, 삼영사, 최종고 1982
31. 건전종교문화 발전을 위한 바람직한 방향모색, 한국종교지도자협의회, 2000.12.
32. 「그리스도교와 정치」, 크리스챤, 한용희, 1987
33. 「실천불교」, 하늘북, 2003
34. 「비교종교론」, 대한기독교서회, 2000
35. 국정감사 NGO모니터단, ~2006
36. 문화관광부, 보건복지부, 예산기획처, 통일부, 대검찰청, 법무부, 통계청, 한국은행, 대한적십자사, 국립장기이식관리센터, 국립암센터, 해외원조단체협의회, 재난구호협회
37. 「한국개신교와 한국현대화의 사회」, 문화적 변동, 한울, 2003
38. '96종교지도자세미나, 문체부, 한국종교인평회회의
39. Jeongah Kim, B.S.S.W., M.A. A structural equation modeling analysis of the effect of religion on adolescent delinqency within an elavorated theoretical model, The Ohio State University, 2003

부록

1. 시카고 한인 세계선교대회 취재기[1]

地球村을 바꿔놓고 있는 한국 선교사 8,200명 (세계 제4위)의 大役事

강인한 생존력으로 세계의 오지와 그늘 속으로 파고 드는 선교사들은 대사관, 상사(商社)와 함께 한국인의 3대(大) 세계화(世界化) 거점이 되고 있다.

- 선교활동 지원자가 너무 많아 행복한 고민을 하는 나라는 한국과 브라질 정도
- 식민지 역사, 빈곤의 시절, 황색 피부빛이 선교활동에는 강점으로 작용
- 현지의 사회 지도층으로 진출한 한국 선교사도…
- 방글라데시에서는 한국 선교사들이 새마을운동으로 희망 일깨워
- 몽골~터키까지의 중앙아시아 지역은 인종적 동질성이 강한 한국 선교사의 무대
- 유목민족 종교인 기독교가 한국인의 유목 민족적 심성에 불을 지피다
- 기독교-회교 문명충돌의 완충 역할도

2000년 7월 24일부터 28일까지 미국 시카고의 휘튼대학 빌리 그레이엄 센터에서는 제4회 한인(韓人) 세계선교대회(KWMC:Korean World Mission Conference 2000)가 열렸다. 이 대회에는 全세계 150여 개국에서 온 700여 명의 한국 선교사와 미주(美洲)지역 교계(敎界) 대표 3,400여 명 등 4,000여 기독교 지도자들이 한자리에 모였다.

이번 대회는 세계적 명성의 기독교 지도자 빌리 그레이엄, 기독교 21세기 운동

---

[1] 이 글은 <월간 조선> 2000년 9월호에 게재된 김용삼 기자의 특별 취재기로 저자가 필자의 허락을 받아 수록합니다.

국제 총재인 토머스 왕 목사가 명예대회장을, 미주(美洲)지역 교계 지도자들이 공동대회장을 맡아 4박5일간 진행됐다. KWMC 사무총장 고석희 목사는 "한인(韓人) 세계선교대회는 어느 나라, 어느 민족도 엄두를 못 낼 정도의 대형 집회"라면서 "한국인의 고질병이었던 종파와 교단, 세대간의 벽을 초월하여 기독교 지도자들이 한자리에 모인 것이 가장 큰 의미"라고 말했다.

이 대회 개막 전인 7월20일부터 23일까지 시카고의 노스팍 대학(North Park University)에서는 500여 한국인 선교사들이 모여 제10차 세계 한인(韓人)선교사대회(WKMC:World Korean Missionary Conference)를 열었다.

볼리비아에서 온 崔천휴 선교사는 인디오들의 전통악기와 활, 형형색색의 판초와 모자를 쓰고 나타났다. 그는 현지어는 물론 적응교육도 받지 않은 채 종교에 대한 사명감 하나로 볼리비아로 날아갔다고 한다. 아마존 상류인 마모레江 정글지대에서 7년간 현지 인디오들과 희로애락(喜怒哀樂)을 함께 한 崔선교사는 처음 정글에 들어갔을 때의 일화를 이렇게 설명했다.

"인디오들의 천막 식당에서 밥을 사 먹었는데, 이 사람들이 나를 놀리려고 그랬는지 곡식과 벌레가 반반씩 섞인 밥을 주더군요. 억지로 밥을 뱃속에 구겨 넣고 두 달간 설사병을 앓았습니다. 정글에서 헤매다 악어와 맹수에 쫓겨 목숨을 잃을 뻔한 적이 한두 번이 아닙니다."

대회에 참석한 선교사들 중 이런 모험담이 없는 선교사는 거의 없었다.

세계화를 이끄는 3大 집단

시카고 휘튼대학 교정은 한국 기독교의 세계화 현장이었다. 거의 모든 선교사들은 영어는 기본이고 유창한 현지어 등 2~3개국 語를 자유롭게 구사했다. 시카고에서 만난 캘리포니아 국제대학의 朴문규 학장은 "선교사들은 외국어 능력, 현지 문화권의 이해, 이질적인 인종과의 체험 및 정보량 등에서 세계화의 첨병"이라고 설명했다.

"한국 선교사들은 외교관, 상사(商社) 주재원과 함께 세계화를 이끄는 3大 견인차이자 한민족(韓民族) 문화를 세계에 알리는 전령(傳令)입니다. 우리 선교사들이 각국에 나가 한국産 의류와 전자제품, 생필품을 사용하는 모습을 현지인들에게 보여 주는 것만으로도 선교사들은 돈으로 환산할 수 없는 국가 홍보를 하고 있는 셈입니다."

미국 국적의 한 목사는 "미국을 비롯한 선진국들은 선교사 훈련이나 집회가 열리면 정보 관계자들이 참석해 정보를 교환하고, 선교사들이 해외에 나가 국가를 위해 해야 할 역할 등 상세한 프로그램을 제공한다"고 말했다.

시카고 선교대회 취재 과정에서 기자는 "이들을 척박하고 외롭고 위험한 정글과 사막, 전쟁터와 순교 현장으로 뛰쳐나가도록 하는 원동력은 무엇인가", "종교적 믿음이 가족의 안전이나 일신의 영달보다 상위에 있는가" 하는 의문을 갖지 않을 수 없었다. 이런 의문에 답하기라도 하듯 국제선교회(WEC:Worldwide Evangelization for Christ) 국제총재인 에반 데이비스는 선교사의 활동에 대해 다음과 같이 설명했다.

"그들은 생명을 위협하는 풍토병 속에서 일했으며, 굶주림으로 고통당했으며, 돌과 매를 맞았으며, 침 뱉음을 당했으며, 죽음의 경지에 이르기도 했다. 코트디브아르, 콩고, 콜롬비아, 태국, 베네수엘라, 가나, 중국 등 수많은 국가들 속에 세워진 교회들은 이런 열정을 가진 사람들의 헌신의 결과다. 그들은 40도가 넘는 불볕더위 속에서 살며, 영하 30도가 넘는 혹한 속에서 일하고 있다. 어떤 이들은 납치 위험, 내일을 기약할 수 없는 정치적 불안정 속에서 일하고 있다. 어떤 이들은 세상 사람들이 외면한 마약 중독자, 알코올 중독자, 에이즈 질병으로 고통 받는 사람들을 위해 열정을 불태우고 있다."(WEC 기관지 2000년 7월호)

150개국에 8,200명 파송(派送)

우리나라에 최초의 개신교 선교사 알렌이 입국한 시기는 1884년. 이듬해에 언더우드, 아펜젤러 등이 파송됨으로써 이 땅에 본격적인 개신교 역사가 시작됐다. 그로부터 120년. 한인(韓人) 선교사협회 통계에 의하면 국내 기독교 인구는 최소 800만~최대 1000만, 교회 6만개로 폭발적인 성장을 거듭해 왔다. 배현찬 목사(美 리치몬드 주 예수 교회)는 "세계 50대 대형 교회 가운데 20개가 한국에 있다"면서 "이것이 한국 기독교의 위상에 대한 증거"라고 말했다.

세계적인 신학자 마이클 그린 박사(옥스퍼드大)는 "한국 교회는 재정력, 높은 교육수준, 명확한 지식 등 세계 선교사업에 큰 역할을 할 수 있는 좋은 무기들을 가지고 있다"고 말한다.

이를 뒷받침하듯 한국교회는 현재 세계 150여 개국에 8,200여 명의 선교사를 파송(派送)했다(단기 체류 선교사 제외). 여의도순복음교회 한 곳에서만 51개국에 629명의 선교사를 내보내 현지 활동을 지원하고 있을 정도다.

한도수 선교사(브라질)의 발표문에 의하면 한국은 해외 파송 선교사 수로는 미국, 캐나다, 영국에 이어 세계 4위. 다른 자료에 의하면 한국이 영국을 제치고 3위에 올라 있기도 하다.

　시카고에서 만난 한국 선교사들은 월 평균 1,500~2,000달러를 본국, 미주(美洲) 지역, 혹은 현지 진출 한인(韓人) 교회로부터 지원받아 활동비로 쓰고 있다고 한다. 한 선교사가 한 달에 1,500달러를 쓴다고 가정할 때 한국 선교사들이 해외 선교를 위해 사용하는 총 예산은 연간 1억4760만 달러(1,500달러× 12개월× 8,200명).

　이것은 선교사와 그 가족의 현지 생활 및 활동에 필요한 최소비용만을 계산한 것이다. 각 선교단체가 진행하는 학교나 병원 건립 혹은 운영, 특수 프로젝트 진행, 각종 봉사활동 진행에 투입되는 예산을 포함하면 전체 예산이 크게 늘어난다.

　경제력과 국력, 인구비례를 감안할 때 세계선교 분야에서 한국이 차지하는 위치는 확고부동하다. 세계 기독교 지도자들은 "한국 선교사를 제외하면 제3세계 선교는 불가능할지도 모른다"는 말이 나올 정도다. 미국에서 공부중인 선교사들의 증언에 의하면 미국 신학교에서 한국 학생들이 빠져나가면 학교 운영이 어려울 정도라고 한다.

　유병국(俞炳國) 선교사(WEC 한국본부 대표)는 "세계에서 선교활동 지원자가 너무 많아 그들을 어떻게 지도하고 훈련시킬 것인지 행복한 고민에 빠진 나라는 한국과 브라질 정도"라고 말한다. 김헌종(金憲宗) 선교사(폴란드)는 "우리 선교사들이 외국 선교사들보다 역량이 뛰어나서라기보다는 한국인이라는 특성 때문"이라고 설명했다.

　"서양 선교사들은 제국주의 시절 침략의 앞잡이 역할을 했습니다. 식민지배를 당한 제3세계 민중들 의식 속에 기독교는 침략자의 종교라는 등식이 박혔어요. 그 결과 서양 선교사들이 십자가를 앞세우고 과거의 식민지로 진출할 경우 강한 거부감 때문에 정착이 어렵고, 테러의 표적이 되기도 합니다. 반면 한국인들은 그들처럼 식민지배를 당한 아픔이 있고, 얼굴빛도 비슷하며, 자기들을 지배할 힘도 없다고 믿기 때문에 현지 정착에 유리한 것이 사실입니다."

　한국 선교사들은 어린 시절 열악한 생활환경 속에서 자랐기 때문에 인간의 기초 생활을 보장하는 상하수도와 보건시설, 주거시설이 갖춰지지 않은 제3세계의 오지, 정글, 산악지대에서 적응능력이 뛰어나다고 한다. 金영화 선교사는 아르헨티나 인구의 절반이 모여 사는 그랑 부에노스아이레스(부에노스아이레스 외곽지역) 빈민촌에서 FM 선교방송국 운영과 빈민들을 위한 봉사활동을 펼치고 있다. 金선교사는 "한국인의 빨리빨리 정신이 해외에서 장점이 되는 경우도 많다"고 말했다.

현지 국가의 지도층으로 진출

익명을 요구한 한 선교사는 "얼마 전 인도네시아에서 소요사태가 벌어졌을 때 현지 상황 정보 입수는 우리 대사관보다 선교사들이 훨씬 빨랐다"고 말했다. 다른 나라에서도 사정은 마찬가지라고 한다. 그 나라의 고위 관료, 군(軍) 고위 장성 등이 한국인이 운영하는 교회의 교인이 되는 경우가 더러 있는데, 선교사들은 이런 접촉을 통해 그 나라 핵심부의 움직임을 빠르게 접할 수 있다는 것이다.

선교사들이 넘어야 할 첫 관문은 현지 정착이다. 한국 선교사들이 파송되는 곳은 대부분이 제3세계의 정글, 오지, 빈민촌(貧村), 도시 우범지대, 현지인들에게도 소외받는 지역이다.

인도네시아에서 18년째 활동 중인 김종국(金宗國) 선교사는 한양대 공대 출신으로, 직장생활을 하던 중 뜻한 바가 있어 선교사의 길을 택했다. 그는 진정한 현지화를 완성하기 위해 인도네시아 국적을 취득했다.

그가 인도네시아 국적을 취득함으로써 현지인들과 마지막으로 남아 있던 마음의 장벽이 허물어졌다. 그는 한국어보다 현지어로 대화하는 것이 더 편하며, 인도네시아 지도층 인사들과도 깊은 유대관계를 맺고 있다고 한다.

金선교사는 지난해 부활절에 자카르타에서 열린 인도네시아 기독교와 가톨릭 연합예배에서 기독교 대표 지도자로 설교를 했다. 金선교사가 현지에서 운영하는 신학교는 학사, 석사, 박사과정이 있는데, 제자 목사 1,000여 명을 배출해 인도네시아 각지의 지도자로 나가 있다고 한다.

金선교사는 인도네시아 5대 재벌에 속하는 리포 그룹 경영진과도 친분관계를 유지하고 있으며, 재벌들의 성경 연구 모임인 「미션 그룹」에서 정기적으로 강의도 한다. 또 군(軍) 고위 장성, 각료, 정치인들과도 깊은 유대관계를 맺고 있다. 그는 "구한말 조선에 진출한 선교사 알렌이 고종 황제의 총애를 받아 자유로운 활동공간을 확보했다"면서 "그 나라 리더십 집단에 진출하여 일당백의 역할을 할 수 있는 역량을 키우는 것이 21세기의 바람직한 선교정책"이라고 말한다.

몸을 던져 해내는 정신

이런 관점에서 金선교사는 한국 선교사들이 외국 선교사에 비해 여러 가지 장단점을 가지고 있다고 말한다. 金선교사의 말.

"한국인들은 단일 문화권에서 자란데다가 어린 시절부터 경쟁 속에서 자라기 때문에 이질적인 문화와 만나면 다양한 사고가 부족합니다. 한편으론 '뭐든지 할 수 있다'는 근거 없는 영웅주의에 빠지기도 하죠. 이런 요인들이 현지에서 리더십을 발휘하는 집단으로의 진출에 장애가 됩니다."

또 한 가지 문제로 자질부족을 들었다.

"선교사는 무(無)에서 유(有)를 창조하는 프론티어이자 지도자로서 희생적인 사랑을 통해 다른 민족을 감화시켜야 합니다. 이를 위해서는 이질적인 문화권에서 살고 있는 타민족을 정신적으로 지도할 수 있는 높은 도덕성과 인품이 요구됩니다. 한국 선교사들은 이런 점이 부족하다는 것이 솔직한 자기반성입니다."

반면 한국 선교사들은 "상황이 아무리 어려워도 몸을 던져 해내는 정신은 누구도 따를 수 없을 정도"라고 말했다.

인도네시아에는 현재 한국인 선교사가 100가정(대부분의 선교사들은 부부가 함께 활동한다) 정도가 활동 중이다.

선교사들은 현지인들에게 종교 전파와 함께 우리 문화와 사고방식을 알리는 역할도 한다. 온두라스에서 온 김세웅(金世雄) 선교사는 1970년대 초 공장 새마을운동 유공자로 대통령 훈장을 받기도 했다. 그는 1981년 미국으로 이민 와서 기업체를 운영하다 선교사가 되어 온두라스로 갔다. 현지 사정에 대한 金선교사의 설명이다.

"온두라스는 전체 인구의 5%를 차지하는 백인과 중동계가 국가 운영 전반을 장악하고 있습니다. 경제가 어렵기 때문에 빈민들은 범죄 유혹에 쉽게 빠지죠. 최근에는 어린이 납치가 성행하고 있어요. 어린이 장기(臟器)를 빼내 미국에 팔기 위해서죠. 강도들은 권총으로 무장하고 있는데, 경찰도 보복이 두려워 강도를 체포할 때는 두건으로 얼굴을 가려야 할 정도입니다."

그는 온두라스 원주민들의 나태한 의식과 무지(無知)의 죄악을 깨우치는 역할을 하고 있다고 말한다.

"인간에게 가장 무서운 죄악은 무지(無知)입니다. 공산당은 마을에 들어가 머슴에게 악역(惡役)을 맡깁니다. 무지(無知)한 사람은 선악(善惡) 개념을 잘 모르기 때문에 시키는 대로 행동하죠. 온두라스 지배층은 부(富)의 세습을 위해 가진 자들에겐 좋은 교육을 시키고, 못 가진 자들에겐 교육을 제대로 시키지 않아 국민 대다수가 무지(無知)한 상태입니다. 빈곤의 악순환에 빠져 있는 현지인들에게 '당신들도 열심히 노력하면 잘살 수 있다'고 각성시키는 것이 중요합니다."

金선교사는 "그들을 일깨우는 것은 '하면 된다'는 한국식 정신개혁 운동이자 새마을 운동"이라고 말했다.

우리가 언제 해외에서 다른 민족을 가르쳐 본 적 있는가

아프리카 가봉에서 15년째 활동중인 김상옥(金尙玉) 선교사는 어린 시절의 꿈이 '한국판 슈바이처'였다. 서울대 농대를 졸업하고 시골에서 교편생활을 하던 그는 유년의 꿈을 실현하기 위해 신학교에 입학했다. 그가 가봉을 선교지로 택한 이유는 슈바이처 박사가 활동하던 지역이었기 때문이다.

"1960년 프랑스로부터 독립한 가봉은 지금도 프랑스군 1개 중대가 주둔하고 있습니다. 그 덕에 정치 경제가 안정되었죠. 이 나라는 석유와 원목, 망간, 우라늄 등 지하자원이 풍부해 국민소득이 아프리카 상위권입니다. 국토는 한반도의 1.2배지만 인구는 120만에 불과해요. 인구가 너무 적어 카메룬이나 콩고, 중앙아프리카에서 밀입국, 이민 형태로 80만명 정도가 들어와 살고 있습니다."

그가 현지에 도착했을 때 마침 가봉에는 쌍용이 15층 규모의 백화점을 지어 운영 중이었다. 이 백화점이 지어진 사연이 재미있었다.

"가봉은 북한이 외교의 주도권을 쥐고 있던 아프리카 국가 중 한국과 최초로 수교한 나라입니다. 우리 정부는 이를 기리기 위해 기아에서 신형 밴을 개발했을 때 가봉의 봉고 대통령 이름을 따서 '봉고'라고 명명했답니다. 방한(訪韓)한 봉고 대통령은 한국 건설업체가 수도인 리브로빌에 백화점을 지어줄 것을 제안했고, 그 결과 쌍용이 사업을 맡았어요."

그런데 이 나라 경제여건상 백화점은 너무 앞선 사업이었다. 쌍용은 현지인에게 운영권을 넘기고 철수했고, 건설공사를 위해 나왔던 한국인 근로자들 중 100여 명은 가봉을 비롯한 서부 아프리카로 진출해 한국산 의류와 신발 판매, 자동차 정비, 이발소 등을 운영하고 있었다.

쌍용은 공사 당시 지었던 5,000평 규모의 근로자 숙소와 창고(약 150만 달러 정도)를 金선교사에게 넘겨주었다. 金선교사는 4년간 새마을 운동을 벌여 이곳을 거대한 꽃동산으로 만들고 신학교와 교회로 사용 중이다. 그는 한국 선교사들의 역할에 대해 이렇게 평했다.

"아프리카 54개국에 한국 선교사가 나가 있지 않은 나라가 없습니다. 한민족 5000년 역사를 돌아봅시다. 우리가 언제 해외로 나가 다른 민족을 가르쳐 본 적이 있습니까. 우리 선교사들은 선교가 목적이긴 하지만 원주민에게 한국의 문화와 가치관, 사고방식을 지도하고 '올바르게 살자, 어려운 이웃을 돕자'고 가르치는 사명감에 책임감과 자부심을 가집니다."

방글라데시판 새마을운동

한국 선교사들이 보다 체계적으로 새마을 정신을 심고 있는 곳은 방글라데시다. 한국 선교사들은 모슬렘과 힌두교의 영향으로 기독교 선교활동이 어려운 방글라데시에서 합법적인 체제와 지속적인 활동을 위해 1987년 5월, NGO(비정부기구) 단체인 방글라데시개발협회(KDAB:Korean Development Association in Bangladesh)를 설립했다. 현재 20명의 한국인 사역자, 102명의 현지 협조자들이 방글라데시 각지에서 학교 운영, 의료봉사, 직업교육 등을 진행중이다. 농촌개발을 돕기 위해 1990년에 가나안 농군학교 해외분교를 설립했다.

이 나라가 안고 있는 심각한 문제는 국민의 60%선에 이르는 문맹. 한국 선교사들은 문맹퇴치를 위해 수도인 다카와 찔마리의 도시 빈민과 시골 아동을 대상으로 초·중등학교 운영과 컴퓨터, 운전, 정비교육 등을 실시하고 있다.

9만여 명에 이르는 나환자들의 재활을 돕기 위해 음성 나환자 밀집지역인 울리뿔에 나환자 재활촌을 열어 나병 계몽과 영농기술을 가르치고 있다.

찔마리에 설립된 가나안농군학교에서는 농촌지도자 양성, 시범농장 운영, 농가소득 증대사업을 통해 희망을 잃고 살아가던 현지인들에게 용기를 심어 주고 있다.

기자는 KDAB의 활동상을 듣기 위해 현지 운영 책임자인 장순호 선교사(현재 안식년 휴가를 얻어 美 웨스턴 신학원 선교학 박사과정 재학중)에게 취재를 요청했으나 "성경에는 왼손이 한 일을 오른손이 모르게 하라고 쓰여 있다"면서 인터뷰를 사양했다.

마사이族과 더불어 사는 삶

케냐에서 온 박삼일(朴參日) 선교사는 마사이族과 11년째 더불어 살고 있다. 朴선교사는 육군 소령 출신으로 군생활 중에 신학 공부를 하여 선교사의 꿈을 키웠으며, 군생활을 마치고 케냐에 진출했다. 그는 군복무 시절 26차례나 이사한 경험이 있는데, 덕분에 케냐로 파송될 때도 새 임지로 전출 가는 기분으로 가볍게 떠났다고 한다.

대부분의 아프리카 부족들은 문명과의 동화를 택했지만 마사이族만은 수천 년 이어온 전통적 삶의 방식대로 유목생활을 고수하고 있다. 朴선교사의 설명이다.

"케냐는 인구 2800만으로 60여 종족이 섞여 있습니다. 이중 마사이族은 58만명으로 전체의 2%에 불과하지만 정치적 영향력은 큽니다. 그들은 광범위한 마사이族의 땅에 흩어져 유목생활을 합니다. 주식(主食)은 소가 제공하는 우유입니다. 때문에 소는 신(神)이 마사이族에게 준 선물로 신성시하며, 농경부족들의 소를 보면 무조건 싸워서 뺏어옵니다."

마사이族들은 필요한 모든 것을 자연에서 얻기 때문에 삶 자체에 목적의식이 없고, 아등바등 욕심을 부릴 필요를 느끼지 못한다고 한다. 그들에겐 빈부격차도, 시간관도 존재하지 않는다. 朴선교사는 "소의 생일과 나이는 기억해도 사람들 나이를 기억하는 사람은 거의 없다"면서 "아프리카 부족어에는 과거와 현재라는 시간관은 있지만 미래를 뜻하는 단어가 없다"고 말한다. 그래서 서양 선교사들이 미래 시제를 만들어 주었다고 한다. 때가 되어 사람이 죽으면 시신을 천으로 둘둘 말아 초원에 던져놓는다.

인간도 자연질서의 일부로 믿는 그들에게 가혹한 시련이 닥쳤다. 기상이변으로 비가 오지 않기 때문이다. 4~5년 전만 해도 우기(雨期)와 건기(乾期)가 뚜렷했는데 엘니뇨현상 이후 우기(雨期)가 되어도 비 한 방울 없이 지나가는 상황이 반복됐다. 지난해부터 케냐는 극심한 가뭄으로 식수 공급이 통제돼 일주일에 몇 시간만 수돗물이 공급된다고 한다. 비 때문에 마사이族들은 생사(生死)의 기로(岐路)에 서게 됐다. 朴선교사의 설명이다.

"가뭄으로 초원의 풀이 말라 죽자 마사이族들이 신(神)처럼 섬기는 소들이 뜯어먹을 풀이 없어 빈사상태에 빠졌습니다. 그들은 나이로비 시내로 소 떼를 몰고 와 채소밭에 집어넣는 등 난리를 피웁니다만, 소를 배불리 먹이기엔 역부족입니다. 이렇게 되자 소들이 우유를 제대로 생산하지 못해 마사이族에게 굶주림이 닥쳤어요. 이 시간에도 마사이族의 노인과 아이들, 여자들이 차례로 목숨을 잃고 있습니다."

우간다-에이즈 보균율 80%

아프리카에서는 매년 충청북도 넓이의 초원이 사막화되고 있단다. 사하라의 모래가 바람에 실려 보츠와나 지역으로 날아와 이곳도 폐허로 변해가고 있다고 한다. 우기(雨期)에도 비가 없는 현상이 1년만 더 반복되면 사바나 대초원지대는 회복되기 힘든 준사막지로 생태계 변화를 일으킬 것이라는 전망이 나오고 있다는 것.

朴선교사는 아프리카 생활에서 가장 고통스러운 것이 벌레, 먼지, 바람, 뜨거운 해와 물이라고 말했다. 그는 자신의 다리에 난 상처를 보여 주었는데 곳곳이 벌레에게 물려 피부가 짓물러 있었다. 눈에 보이지 않는 벌레에 물려 목숨을 잃는 경우도 있으며, 동료 선교사 중 괴질에 걸려 몸부림치다 사망한 사례도 있다고 한다.

이 와중에 에이즈가 아프리카를 휩쓸고 있는 것이 더 큰 문제라고 한다. 朴선교사의 증언이다.

"서부 아프리카 지역은 全 인구의 30%가 에이즈 환자라는 통계가 발표됐습니다. 동부 내륙국인 우간다는 실제로는 국민 절반 이상이 에이즈 보균자이며 현지 병원에서 임상적으로 대하는 환자의 70~80%가 에이즈 보균자로 밝혀졌어요. 서부 케냐 지역은 신생아 네 명 중 한 명은 모태감염이 된 채 태어납니다. 마사이族은 에이즈 환자수가 7.5%로 다른 지역보다는 덜한 편이지만 다른 부족의 경우 에이즈로 남자가 전멸한 곳도 있어요."

유독 아프리카 지역에 에이즈가 창궐하는 이유는 무엇일까. 이 질문에 朴선교사는 다음과 같이 답했다.

"아프리카는 아직도 일부다처(一夫多妻)입니다. 마사이族의 전사(戰士)들은 훈련이 끝난 후 소피를 나눠 마시는데, 소피를 나눠 마신 동기들은 부인을 공유하는 문화가 있어요. 때문에 남자 한 사람이 밖에서 에이즈에 감염되어 오면 부족 전체에 걷잡을 수 없이 확산되는 실정입니다."

세계의 석학(碩學)들은 1960년대 초만 해도 아프리카가 아시아보다 발전이 빠를 것으로 전망했다. 그러나 현실은 아시아가 자유 민주주의와 시장경제를 바탕으로 급속 성장한 반면 아프리카는 아직도 1당 독재의 정치 패러다임과 낮은 경제성장, 에이즈와 각종 질병의 창궐, 기아, 종족간 유혈충돌과 인종청소라는 악몽에서 벗어나지 못하고 있다. 가봉에서 활동 중인 김상옥(金尙玉) 선교사는 아프리카 국가들이 악순환을 거듭하는 이유를 이렇게 설명했다.

"오늘날 아프리카는 지도자 부재(不在) 상태입니다. 쓸 만한 사람들은 노예로 팔려가고, 교육받지 못해 국가 지도부를 구성하기 힘들 정도입니다. 가봉에도 학교는 있지만 교사가 부족합니다. 가진 자들이 고급교육을 독점하고 대다수 국민에게는 고급교육의 기회가 주어지지 않습니다. 때문에 민도(民度)가 낮아 시키는 일만 하는 노예 근성에서 벗어나지 못하고 있으며, 서구 열강들의 계속되는 수탈로 부(富)의 축적이 이루어지지 못하는 현실입니다."

박삼일(朴參日) 선교사와 함께 케냐에서 활동하는 하영진 선교사는 "리더의 타락과 교육의 부재(不在), 그리고 인도인의 경제 착취가 아프리카를 망가뜨리는 요인"이라고 설명했다.

"아프리카의 많은 지역을 식민지로 삼았던 영국인들은 원활한 통치를 위해 인도인들을 중간관리자로 채용했습니다. 그 후 영국인이 철수하면서 기득권을 인도인에게 넘겨주었어요. 그 결과 아프리카 경제권을 인도인들이 독차지했습니다. 지금 케냐 경제의 80%는 인도인 손 안에 들어갔어요. 그들은 아프리카에서 돈을 벌어 밖으로 가져가기 때문에 빈곤의 악순환이 거듭되고 있는 겁니다."

대사관이 엄두를 못 내는 일을 한다

1970년대 이전에는 우간다가 한국보다 더 잘살던 나라였다. 그런데 1972년 이디 아민이 정권을 장악한 후 인도인들을 추방했다. 그 결과 우간다 경제 시스템이 붕괴되어 오늘날에는 빈국(貧國)으로 전락했다. 이런 일을 체험하면서 아프리카 지도층에서는 '인도인은 필요악(惡)'이라는 말이 나돌았다고 한다.

유병국(俞炳國) 선교사는 1985~97년까지 12년간 감비아에서 만딩고族과 더불어 살다 귀국하여 현재는 국제선교회(WEC) 한국지부장을 맡고 있다. 감비아는 알렉스 헤일리의 소설 「뿌리」의 주인공으로 등장하는 쿤타킨테의 고향. 나라 소개를 부탁하자 俞선교사는 "대학이 없는 나라"라고 소개했다. 감비아에는 대학이 없어 중고교 교사 양성을 못해 이웃의 시에라리온, 나이지리아, 케냐에서 교사를 초빙해야 하기 때문에 국적 없는 교육이 시행되고 있다는 것이다.

만딩고族은 감비아 전체 인구의 40%를 차지하는 대부족인데, 부족마다 언어가 확연히 달라 현재 20여 개 부족어가 사용된다고 한다. 俞선교사의 설명이다.

"만딩고族은 소박하고 착하기 때문에 강력범이 없어요. 대신 신발이나 빨래를 걷어가는 좀도둑이 많습니다. 서양 선교사들은 현지인들을 대할 때 맺고 끊음이 분명한데 한국 선교사들은 정(情)에 약하기 때문에 현지인들은 어려운 일이 생기면 한국 선교사를 찾아옵니다."

俞선교사는 "한국 대사관이나 사회단체에서 엄두를 못 내는 일을 선교사들이 하고 있다"면서 "아프리카 각 나라 주민들은 한국 대사가 누군지 모르지만 한국 선교사 이름은 안다"고 말했다.

"선교사들은 복음을 전하기에 앞서 빈민구제나 치료, 봉사활동을 통해 좋은 이미지를 심어줍니다. 한국 선교사들은 본국 교회의 지원을 받아 감비아 오지에서 농업기술과 목공, 용접과 타자, 컴퓨터, 태권도를 가르치고 있습니다. 선교사들은 이런 활동을 통해 한국은 어려운 이웃을 돕는 나라라는 이미지를 심어주고 있는 것이죠."

납치된 외교관 부인 석방시켜

이처럼 대사관이나 사회단체가 할 수 없는 역할을 선교사들이 수행한 사례가 예멘에서 발생했다. 임성건 사장(현지에서는 컴퓨터 학원 사장으로 알려져 있음)은 1998년 1월 3일 예멘의 수도 사나에서 납치된 駐 예멘 한국대사관의 허진 1등 서기관 부인 유상옥 씨와 세 살 난 딸 규원 양, 교민 고영준 씨를 구출한 주인공이다.

유상옥 씨를 비롯한 3명은 과일을 사기 위해 길가에 차를 세웠다가 무장괴한에게 납치당했다. 駐 예멘 한국대사관은 외교채널을 통해 예멘 납치자들의 구원을 요청했지만 예멘 정부는 소극적이었다고 한다. 이렇게 되자 교민회의 동북호 사장, 황재훈 사장, 임성건 사장이 대책반을 편성하여 평소 알고 지내던 부족장들과 접촉했다.

이 과정에서 알코메인 부족으로부터 "알 하다 지역에 거주하는 알 아마스 부족이 납치를 주도했다"는 정보를 입수했다. 알 아마스 부족은 이웃의 큰 부족 청년들이 자기 부족 어린이를 강간했는데, 이 재판 결과에 불만을 표시하기 위해 한국인을 납치했다는 것이다.

정보를 입수한 교민 대책반은 알 아마스 부족에게 라면과 치약, 모포, 그리고 선처를 부탁하는 편지를 보냈다. 그러나 부족들간에 한국인 석방에 대해 의견이 통일되지 않았다. 이 상황에서 알코메인 부족은 "한국인 남자가 가면 인질들을 석방할 가능성이 있다"고 제보를 했다. 임사장과 동북호 사장은 석방 협상을 위해 목숨 걸고 알 아마스 부족의 마을로 들어갔다. 당시 상황에 대한 임사장의 증언이다.

"당장이라도 우리를 쏴 죽일 듯한 극한 상황에서 저는 예멘 부족들의 관습에 호소하는 수밖에 없다고 생각했습니다. 저는 부족장에게 '당신들과 한국인은 사딕(친구)이다. 한국인들이 1975년부터 당신네 나라에 길도 닦고 건물도 지어준 사실을 잘 알 것이다. 당신들은 지금 사딕의 부인을 납치했다. 이것이 정당한가'하고 설득했어요. 그제야 살벌했던 분위기가 누그러지더군요."

임사장의 임기응변으로 일행은 구사일생으로 인질들을 데리고 나왔다.

그런데 한국인 납치사건 관련기사 어디에도 임사장을 비롯한 한국 교민들의 목숨 건 구출작전은 알려지지 않았다. 대사관 관계자들은 인질 석방이 외교채널을 통한 협상의 결과로 선전하기 위해 현지 교민들의 대사관 출입을 봉쇄했고, 한국 특파원들과의 접촉도 차단했다. 충격을 받은 교민회 인사들은 대사관에 '예멘 사람은 납치범, 한국 대사관은 날치기범'이라는 항의문을 전달했다고 한다. 임사장은 사나에서 컴퓨터 학원을 운영하며 그 나라 젊은이들에게 영어와 컴퓨터 교육, 문맹퇴치에 앞장서고 있다. 그는 앞으로 보건소, 미용, 양재, 목공 등 기술교육을 위한 준비도 하고 있다면서, 자신의 활동을 "예멘판 새마을 운동"이라고 소개했다.

기독교와 회교의 문명충돌

고참 여성 선교사인 김신숙(金信淑) 선교사는 1977년 3월 이집트에 파송됐다. 남편은 알렉산드리아에서 선교를 위해 이동중에 사막길에서 의문의 교통사고를 당해 순교했고, 현재는 혼자서 활동 중이다. 이집트에는 40여 명의 한국 선교사들이 카이로와 알렉산드리아, 그리고 사막지역의 베두인족, 아스완 지역의 루비안족을 위해 일하고 있단다. 그녀는 "회교의 본산인 중동과 북아프리카 지역은 서구인에 대한 감정이 좋지 않기 때문에 한국 선교사들이 선교를 맡을 수밖에 없는 실정"이라고 말했다.

金선교사는 "이집트 남부의 소하 지방에서 지난 1월 2일 회교도와 기독교도 간에 유혈 충돌이 벌어져 25명이 사망했다"면서 "아프리카 전역에서 회교가 대대적인 선교활동을 펼치고 있어, 이곳에서 종교적 충돌 위험이 고조되고 있다"고 말했다.

아프리카에서 온 다른 선교사들도 이 의견에 동의했다. 회교가 사하라 남쪽으로 진출하기 위해 대대적인 선교활동을 펼치고 있다는 것이다.

유건종 선교사(우간다)의 발표문에 의하면 회교는 2020년까지 全세계 인구의 25%인 20억 신자 확보를 위해 120만 명의 지하드(聖戰) 전사들이 120개국에서 매년 5000만 명 이상의 신자를 늘리는 선교사업에 착수했다고 한다. 특히 가난한 아프리카를 집중공략 대상으로 선정, 아프리카 각지에 모슬렘 사원과 학교, 병원을 건설하여 어린이들을 모슬렘 존사(戰士)로 키워가고 있다는 것이다.

하영선 선교사는 "아프리카에서는 적십자 마크 옆에 회교를 상징하는 초승달이 그려져 있을 정도로 회교 영향이 대단하다"면서 "도시와 도로를 따라 회교가 빠른 속도로 전파되고 있다"고 말했다.

"아프리카에서 가장 영향력이 큰 일간지 〈네이션〉(Nation)의 주인이 회교도입니다. 아가칸이라는 회교 집단은 막대한 오일 달러를 배경으로 아프리카에 병원과 학교 등을 지어 봉사활동을 펼치고 있어요. 그들은 '기독교는 가진 자의 종교, 회교는 억눌린 자의 종교'라고 선전하면서 민중의 품을 파고들고 있습니다."

종교학자들은 기독교와 회교는 따지고 보면 이웃사촌간이라고 말한다. 회교는 서기 570년 무하마드의 묵상과 환상으로 시작됐는데, 이 과정에서 성경이 회교 교리에 큰 영향을 미쳤다는 것이다. 회교는 알라신의 영감으로 기록되었다는 네 권의 경전, 즉 ▲모세 오경인 토라(구약) ▲다윗 시편인 자부르 ▲예수의 생애를 기록한 인젤(신약) ▲하나님이 무슬림에게 내린 성서인 코란을 가지고 있다.

코란은 예수를 알라의 28명 예언자 가운데 한 명으로 설명하고 있다. 이것은 회교가 기독교의 존재 자체를 부인하지 않는다는 뜻이다. 몽골과 우즈베키스탄에서 의료선교를 하고 있는 徐원석(데이비드 서) 박사는 "회교는 기독교의 존재를 인정하지만, 기독교는 1700년대 이전까지 회교를 선교의 대상이 아닌 적(敵)으로 간주할 정도로 배타적이라는 데 문제가 있다"고 설명한다.

사무엘 헌팅턴 교수는 "21세기는 동서(東西)간의 이데올로기 격돌이 사라지면서 기독교와 회교권의 문명충돌이 심화될 것"이라고 예측했다. 세계 기독교 인구(가톨릭과 개신교, 정교회 포함)는 19억 명, 회교 인구는 11억9000만 명으로 추산된다. 헌팅턴 교수는 회교도들이 산아제한을 거부하고 있기 때문에 2025년에는 기독교 인구와 회교 인구가 비슷하게 될 것으로 예측했다.

전운(戰雲) 감도는 중앙아시아

2000년 초 인도네시아 말루크 제도에서 기독교와 회교도 간의 분쟁으로 700여 명의 사망자가 발생했다. 이 사건 직후 자카르타의 회교도 30여만 명은 말루크 제도 유혈사태의 복수를 위한 지하드를 선언했다.

필리핀에서 온 이경근(李炅根) 선교사는 "필리핀 회교도들은 민다나오 섬에 회교 독립국가 건설을 위해 투쟁 중"이라고 말했다. 회교 반군들이 유럽인을 납치하여 인질극을 벌이는 것도 회교 독립국 건설을 위한 활동의 일환이라는 것이다.

이스라엘과 아랍의 뿌리깊은 반목, 발칸반도의 유혈사태, 아르메니아와 아제르바이잔의 투쟁, 체첸 분쟁 등은 기독교와 회교의 문명충돌이 국지전이 아니라 거대한 벨트를 이루며 세계화되고 있다는 우려를 낳고 있다.

회교와 기독교 세력이 역량을 총결집하여 한판 승부가 예고되고 있는 곳이 중앙아시아 지역이다. 14세기 티무르 제국의 영향으로 회교화 된 이 지역에는 정통 회교가 아니라 환상과 계시를 중시하고 조상들의 영(靈)을 숭배하는 수피 회교가 전파되었다.

중앙아시아가 소련의 지배에서 벗어나면서 이 지역에 국가나 민족 정체성을 부정하고 정교(政敎)일치의 회교 공화국 수립을 주장하는 와하비즘(회교 원리주의) 세력의 도전이 시작됐다.

1999년 2월 14일 우즈베키스탄의 카리모프 대통령 암살 기도 사건, 키르기스스탄에서 벌어진 일본인 지리학자 네 명 납치사건도 회교 원리주의자들의 소행으로 밝혀졌다. 타지키스탄은 정부군과 원리주의 세력간에 벌어진 5년여 내전으로 나라가 엉망이 되었으며 우즈베키스탄도 위기 상황이라고 한다.

徐원석 박사는 "중앙아시아 국가들 중에서도 우즈베키스탄에서 기독교 세력과 회교 세력이 선교 자원(資源)을 집중 투입하여 접전을 벌이고 있다"고 말했다.

"우즈베키스탄 정부는 회교 원리주의자들의 대통령 암살 기도 이후 원리주의 세력을 대상으로 한 전쟁을 준비중입니다. 이 와중에 회교도들이 '왜 우리만 탄압하는가' 하고 항의하자 정부는 기독교에도 탄압을 가하기 시작했습니다. 때문에 다섯 명이 모여도 집회신고를 해야 하므로 대중적인 종교활동은 금지된 상태나 다름없지요."

이처럼 숨 막히는 상황에도 불구하고 우즈베키스탄에는 500여 명의 선교사들이 여러 가지 직업으로 위장한 채 조심스럽게 활동 중이라고 한다.

徐박사는 연세대 의대, 서울대 의대 대학원을 졸업하고 연세대 해부학 강사로 근무하다 선교사로 파송됐다. 1993년부터 몽골 울란바토르市 연세친선병원 행정원장으로 근무했으며, 현재는 국제의료대사선교회(MAI:Medical Ambassadors International)의 동아시아 현장 책임자로 활동중이다. 최근에는 울란바토르에서 120km 떨어진 탄광촌에서 은혜클리닉을 운영 중이며, 내년에는 중(中)-몽골 국경도시 홉트에서 지역사회 보건교육 프로젝트를 진행할 예정이라고 한다. 또 우즈베키스탄의 타슈켄트에서 보건센터를 운영 중이다. 부인도 의사로서 부부가 연간 7~8개월간 몽골과 타슈켄트 등지에서 의료봉사활동을 펼치고 있다.

몽골에만 한국인 선교사 200명

徐박사는 "몽골에는 약 400여 명의 선교사가 활동 중인데 이중 절반이 한국인"이라고 말했다. 몽골에 한국인 선교사가 많이 몰린 이유는 인종적 유대감으로 인해 현지 정착에 어려움이 없기 때문이란다. 몽골어는 한국어와 같은 알타이語 계통으로서 어순이 우리말과 같기 때문에 한국인은 몽골어를 6개월 정도 공부하면 유창하게 구사할 수 있는 반면, 미국인들은 5년을 배워도 대화가 어렵다고 한다. 한국과 몽골의 동질성에 대한 徐박사의 설명이다.

"저는 체질인류학을 공부했는데 한국인은 몽골인과 골격구조가 대단히 유사한 반면 중국, 일본인과는 확연히 다르다는 점이 발견됩니다. 몽골에는 22개 종족이 있는데 그중 한국인과 골격구조가 가장 비슷한 집단이 바라크族입니다. 이들은 흥안령 산맥의 불가리 지방에 살다 몽골의 세르겔렝으로 이주했는데, 이 지역에 가 보니 바라크族은 한국의 충청도·전라도 사람과 똑같더군요. 몽골인의 78%를 차지하는 할카族은 골격구조가 바라크族과는 약간 다릅니다. 고려시대에 여몽(麗蒙)연합군의 일본 원정본부가 마산과 제주도에 있었는데, 이 때 많은 혼혈이 이루어져 마산 사람들 중 골격이 큰 사람이 많습니다. 이것은 체질인류학적으로 볼 때 할카 몽골인의 영향으로 분석됩니다."

徐박사는 몽골인을 이해하려면 그들의 전사적(戰士的) 기질을 이해해야 한다고 말한다. 몽골인들은 지금도 전사(戰士)의 삶과 사고방식을 유지하고 있다는 것이다.

"몽골인들은 지금도 육식을 하고 야채를 먹지 않습니다. 야채를 먹으면 생각이 많아지고 말이나 양처럼 온순한 사람이 된다는 인식 때문에 입에 대지 않는 겁니다. 그들은 아무리 날씨가 추워도 귀를 덮는 모자를 쓰지 않습니다. 먼 곳에서 들려오는 적들의 움직임을 듣지 못하기 때문이죠."

고향생각을 않는다

매년 7월에 열리는 '나담' 축제는 그 자체가 출정식이라고 한다. 말이 살찌고 곡식이 여물기 시작하는 가을이 되면 몽골족은 약탈전쟁을 준비하는데, 이때 전쟁 준비 상태를 점검하는 행사가 나담이라는 것이다. 몽골인들은 외국인에게는 아무리 친한 사이라도 속마음을 열지 않는다고 한다. 외국인은 스파이라는 인식이 몸에 뱄기 때문이란다.

徐박사는 몽골이 유목민족으로서 진취적이며 남의 문화를 수용하는 자세가 강하다고 말했다. 이처럼 열린 사고가 세계 제국 건설의 원동력이 됐다는 것이다.

"칭기즈칸은 말단 병사들과 격의 없이 대화를 나누고, 그들 의견을 존중하는 등 민주적 리더십을 가진 지도자였습니다. 몽골군은 보급부대 없이 스스로 생존 가능했으며, 만리타향에 고립되어도 향수가 거의 없었다고 합니다. 새로운 세상에 적응하는 능력이 뛰어나기 때문에 다른 지역을 침략한 후 고향으로 돌아가지 않고 대부분 현지에 정착해 살았어요."

徐박사는 몽골을 문화인류학적으로 접근하면서 우리 민족의 심성 내부에 강렬한 유목민족적 특성이 살아 있다는 점을 발견했다고 말했다.

"농경민족은 변화를 두려워하고 새로운 것을 거부하며, 현 체제를 유지하려는 경향이 강합니다. 유교 이데올로기는 이런 농경문화를 대변하는 것이지요. 한국인의 기질 중 빨리 달아오르고 빨리 식는 습성, 예민한 감수성, 새로운 것을 두려워하지 않고, 변화의 기회가 생길 때마다 발전으로 이어가는 현상은 전형적인 유목민족의 습성입니다."

기독교와 유목민족적 심성

徐박사는 한국사회에 기독교가 쉽게 수용된 이유는 기독교가 전형적인 유목민족의 종교로서, 한국인의 내면에 잠들어 있던 유목민족적 심성에 불을 질렀기 때문이라고 분석했다.

"예수는 사랑을 설파하면서도 변화를 두려워한 바리새인(유교 율법주의자)과 세리(稅吏)들에게 저주를 퍼부었습니다. 기독교는 현실에 안주하는 종교가 아니라 끊임없이 '나그네로 살아가라'고 가르칩니다. 성경은 기득권을 버리고 새로운 땅을 찾아간 아브라함, 모세 등을 영웅으로 기록하고 있습니다. 기독교는 끊임없이 변화를 추구하는 사람들의 역사입니다. 이런 요인 때문에 유교문화에 억눌렸던 우리 민족의 심성에 거부감 없이 수용되어 기독교가 빠르게 번진 것으로 봅니다."

徐박사는 이러한 문화적 동질성을 바탕으로 한국인들이 알타이 계통의 언어를 사용하는 몽골~중앙아시아~터키 지역에서 활동공간이 열리고 있다고 말했다. 유병국(俞炳國) 선교사는 "회교 벨트 지역에서 서양 선교사들이 추방당하고 있음에도 불구하고 한국인들은 별다른 저항 없이 활동하고 있다"고 말한다. 뿐만 아니라 한자 문화권인 중국과 일본, 불교 문화권인 태국과 동남아 지역도 서양인들보다는 한국인의 접근이 훨씬 유리하다고 말한다. 徐박사는 "이러한 한국인의 특성이 세계 문명사에 「제3의 길」을 제시할 수도 있을 것"이라면서 이렇게 말했다.

"소극적인 입장에서 보면 중앙아시아를 비롯한 세계 각지에서 벌어지는 회교와 기독교의 분쟁에서 한국 선교사들이 공격 목표가 될 위험이 높습니다. 그러나 다른 시각에서 보면 위기는 곧 기회입니다. 세계의 기독교 지도자들은 기독교와 회교의 접전지역에서 한국 선교사들의 역할을 기대하고 있습니다. 한국인의 유목민족적 심성, 중앙아시아 지역의 한국어와 유사한 언어구조, 뛰어난 현지 적응력, 목표 달성에 대한 강한 신념을 높이 사고 있기 때문이죠. 이러한 한국인의 심성으로 양자간의 문명충돌을 피하고 공존의 길을 모색할 수 있을 것으로 전망하는 겁니다."

그러나 이런 낙관론에 대한 반론도 만만치 않다. 중앙아시아 지역에서 사업을 하는 익명의 한국인 사업가는 "한국 선교사들은 현지인들에 대한 선교가 어렵기 때문에 주로 현지에 사는 고려인을 선교 대상으로 하고 있다"면서 이렇게 말했다.

"중앙아시아에서는 회교가 압도적 다수이고 기독교는 소수세력에 불과합니다. 이 상황에서 종교적 갈등이 빚어질 경우 고려인이 기독교의 앞잡이로 몰려 표적이 될 가능성도 배제할 수 없습니다. 한국 선교사들은 현지의 문화나 민족 정서를 무시한 채 의욕만 앞세워 무모할 정도로 저돌적이고 공격적인 선교를 하고 있습니다. 그런 의욕이 고려인들에게 엄청난 재앙을 가져올 수도 있다는 점을 깨달아야 합니다."

곳곳에서 문화적 마찰

기독교와 타종교의 문명충돌 현상은 회교뿐만 아니라 불교 지역에서도 벌어지고 있다. 방콕에서 활동 중인 신흥식(申泓湜) 선교사의 증언이다.

"태국은 불교의 전통이 강한 나라로서 불교 인구가 절대 다수고 기독교 인구는 0.2%에 불과합니다. 불교는 타종교를 포용하는 입장인 반면 기독교는 유일신만을 절대적 존재로 인정하기 때문에 현지에서 문화적, 종교적 마찰을 빚고 있어요. 몇 년 전에는 몰몬교도들이 부처상에 올라가 부처상을 모욕한 사건이 벌어졌습니다. 또 한국인 선교사가 불상을 깨뜨리고 이것을 사진으로 찍었다가 발각돼 추방당한 일도 있어요."

申선교사는 "이 사건으로 기독교가 다른 종교에 큰 실례를 범했으며, 현지인들에게 '기독교는 폭력적인 종교'라는 인상을 심는 계기를 제공했다"고 말했다.

해외 파송 선교사로는 최고참 급에 속하는 申선교사는 1971년 태국에 파송된 이래 30여 년째 신학교를 운영하며 150여 명의 제자를 배출했다. 현재는 방콕신학교 부원장 겸 신학대학원장, 신학서적 출판사업을 하고 있다. 처음 태국에 진출했을 때 현지 언어를 익히느라 고생이 심했다고 한다.

"태국어는 한 단어에 다섯 가지 액센트가 있습니다. 모음의 길고 짧음에 따라 의미가 달라지기 때문에 처음엔 정말 당황스럽더군요. 태국인들은 외세에 식민지배를 당하지 않아서 주체성이 강합니다. 때문에 그들의 자존심을 상하지 않게 하며 접근하는 것이 어려웠어요."

남미(南美)에 진출한 400여 명의 한국 선교사들은 500여 년 뿌리를 가진 가톨릭과의 관계정립이 과제로 대두되고 있다. 이영민(李煐民) 선교사(에콰도르)는 3,100m의 안데스 고원지대인 짐보라소에서 키츄아 인디언 부족과 5년여 더불어 살았다. 지금은 수도인 키토에서 버스로 10시간 정도 떨어진 꾸엥카 지역에서 활동 중이다. 에콰도르에는 부족어가 14개나 되어 현지인들과 어울리려면 현지 부족어 습득이 중요하다고 한다.

에콰도르에는 12명의 한국 선교사가 파송됐는데, 한국 선교사들은 각 부족어로 선교자료 번역 및 문맹퇴치 사업을 벌이고 있다고 한다. 현지 경력 14년째인 李선교사는 "이제 거북이 알, 원숭이 골 등 원주민들의 고유 음식을 거부감 없이 먹을 수 있을 정도로 현지화가 됐다"고 말한다.

15세기 말부터 남미(南美)를 휩쓴 스페인 식민주의자들은 원주민들에게 가톨릭을 강요했다. 토착 종교를 버리고 가톨릭으로 개종한 인디오들은 목숨을 부지했고, 개종을 거부한 인디오들은 짐승처럼 학살당했다. 당시의 끔찍한 살해장면을 그린 그림이 현지 박물관에 전시돼 있다고 한다. 이처럼 종교를 위해 목숨까지 바쳐야 했던 어두운 과거, 기득권을 쥔 가톨릭의 눈에 보이지 않는 견제로 한국 선교사들은 현지 정착에 적지 않은 어려움을 겪고 있다고 한다.

남미(南美)에선 가톨릭과 마찰 빚어

李선교사는 "어려운 상황에도 불구하고 한국인들이 남모르게 선행(善行)을 하여 좋은 이미지를 심고 있다"고 말했다.

"에콰도르에서 사업을 하며 한인회장을 맡고 있는 김경근 집사는 자비(自費)를 털어 초등학교 11개를 지어 에콰도르 정부에 기증했고, 문교부 교육자문관으로 일하면서 컴퓨터 기증, 장학금 지급 등을 통해 한국의 이미지 홍보에 앞장서고 있습니다. 이런 분들의 선행(善行)으로 한국인은 '어려운 사람을 돕는 친근한 이웃'이라는 인상을 심고 있죠."

지금도 에콰도르에서는 두 개의 활화산이 맹렬히 연기를 뿜고 있다. 그 화산이 언제 폭발하여 대재앙을 내릴지 아무도 모른다. 또 좌우익의 대결, 지배층의 부(富)의

독점 현상으로 빈곤의 악순환이 윤회처럼 거듭되고 있단다. 李선교사의 증언이다.

"에콰도르, 온두라스, 볼리비아 등을 비롯한 중남미의 깨어 있는 지식층들은 '가톨릭이 소유한 자산만 팔아도 남미(南美)의 외채를 다 갚을 수 있다'고 말합니다. 가톨릭은 남미(南美)에서 기득권층의 이익을 대변해 왔습니다. 가톨릭의 세속화에 염증이 난 상당수의 가톨릭 신자들이 기독교의 품에 안기고 있어요. 위기를 느낀 가톨릭 지도부는 산토도밍고 선언을 통해 '잃어버린 가톨릭 형제를 찾아 나서자'면서 빌리 그레함식 부흥집회를 시작했습니다. 교황이 과거 역사를 반성하는 성명을 발표하고, 남미(南美)를 자주 방문하는 것도 이런 운동과 무관하지 않다고 봅니다."

李선교사는 "개신교도 가톨릭과 마찬가지로 세계 전파 과정에서 엄청난 죄악을 저질렀다"면서 "개신교도 가톨릭처럼 용기 있게 자신들의 죄악을 참회하는 회개운동을 벌여야 한다"고 말했다.

김명수(金明洙) 선교사는 10년 전부터 칠레 남부지역의 테무코에서 인디오 부족인 마푸체族을 상대로 치과와 일반외과 등 의료선교활동을 하고 있다. 마푸체族은 용맹한 전사(戰士)집단으로서 남미(南美)를 휩쓴 스페인 식민주의자들이 강력한 근대식 무기를 가지고도 이들을 굴복시키지 못했다. 金선교사는 마푸체族과 함께 살면서 이들과 한국인은 수만 리 떨어져 있지만 몽골의 피를 이어받은 유사성이 많이 발견된다고 말했다.

"마푸체族의 민간신앙은 우리와 유사한 점이 많습니다. 기자툰이라는 굿은 우리나라 무당들의 푸닥거리과 거의 비슷하고, 비가 오지 않으면 기우제를 지내는 것도 우리와 같습니다. 언어도 비슷한 것이 많고, 나무뿌리 등 약재를 한약처럼 달여 마시는 것도 우리와 비슷합니다. 이러한 문화적 동질성을 통해 우리는 같은 몽골리언이라는 유대감을 확인하곤 합니다."

교육사업, 의료봉사, NGO로 위장

아직도 포교의 자유가 허락되지 않은 나라에 진출한 선교사들은 교육사업가, 의료봉사, NGO 단체로 합법적인 거주를 하며 은밀하게 활동 중이다. 김영관(金永寬) 목사는 베트남 호치민市(舊사이공)에서 한국계 베트남人(속칭 라이 따이한)들에게 직업교육을 하는 휴맨 직업기술학교, 휴맨 기술고등학교, 휴맨 안양유치원을 운영 중이다. 그는 베트남과 수교 전인 1990년 베트남에 진출, 교육사업에 헌신한 공로로 외국인으로서는 최초로 호치민市 금훈장을 받았으며, 호치민市 교육청장 표창을 받기도 했다.

베트남은 미국과 전쟁을 치른 나라로서 지도자나 국민들 인식 속에 기독교=미국이라는 관념이 자리잡고 있다. 베트남 정부는 신앙의 자유는 인정하지만 남의 종교를 개종토록 권유하는 행위는 법으로 엄단하고 있다. 실질적으로는 종교활동이 금지되어 있기 때문에 金목사는 교육사업가로 활동하고 있는 것이다.

金목사는 한국의 일부 언론이 제기한 베트남 양민학살 문제에 대해 현지 입장을 이렇게 전했다.

"양민학살을 거론하기에 앞서 전쟁의 비극을 먼저 이해했어야 합니다. 전쟁은 이성을 초월하는 생사(生死)의 극한상황입니다. 이것은 우리 국군이나 베트콩이나 마찬가지였어요. 韓-베트남 수교는 경제에 초점이 맞춰져 있었습니다. 따라서 전쟁 과정에서 발생한 포로와 실종자, 양민학살 등 불행한 문제를 덮어 두기로 한 겁니다. 우리 언론이 양민학살을 문제 삼고 나오는 바람에 베트남 정부는 은근히 보상을 기대하는 눈치입니다."

그가 한국계 베트남인을 위한 직업교육을 시작한 것은 국가적 아픔의 역사에 대한 반성 때문이었다고 한다.

"베트남戰 과정에서 한국인이 씨를 뿌린 라이 따이한은 국가적 수치입니다. 미국, 필리핀 등 다른 참전국은 혼혈 2세들을 본국에서 다 받아들였는데 우리 정부는 이를 외면했어요. 우리는 베트남戰을 통해 경제발전의 기초를 닦았지만 그 와중에 발생한 우리 피붙이를 외면함으로써 도덕성 파괴를 경험했습니다. 누군가는 이들을 감싸 안아야 한다는 신념에서 라이 따이한들에게 직업교육을 시작한 겁니다."

金목사가 운영하는 휴맨 직업기술학교와 휴맨 기술고등학교는 한국계 혼혈아들을 찾아내 그들에게 직업교육과 한국어 교육을 시켜 사회 적응능력을 키워 주는 것이 목표다. 이 학교 출신자들이 경남대에 다섯 명이 유학을 왔으며, 베트남에 진출한 한국 기업에 취업하여 한국 기업들의 현지 비즈니스를 돕고 있다고 한다.

金목사는 "김대중(金大中) 대통령이 베트남 방문 당시 '헐벗고 굶주리는 한국인 2세가 1만5,000명'이라고 연설했는데 이것은 잘못된 현실 인식"이라고 말했다. 그가 10년 동안 숱한 고생을 해가며 찾아낸 한국 혼혈아는 1,400명에 불과했다는 것이다.

베트남의 연세대와 이화학당을 꿈꾼다

한국계 혼혈아들은 대부분 24~35세로 결혼 적령기를 맞고 있다. 따라서 金목사는 2세에 대한 직업교육에서 한 걸음 나가 혼혈아 3세 교육을 위한 휴맨 안양유치원을 9월 초에 개원한다고 한다. 이 유치원에 '안양'이란 지명이 들어간 내력을 묻자 金목사는 "안양감리교회(백문현 목사)가 중심이 되어 교육사업을 후원하는 것을 기리기 위해서"라고 답했다.

金목사의 마지막 목표는 휴맨 기술대학 건립. 현재 건물 기초공사가 진행 중인데, 이 학교가 개교하여 사회의 동량(棟梁)을 배출하기 시작하면 머지않은 장래에 베트남의 연세대나 이화학당으로 자리매김할 것이라고 포부를 밝혔다. 이 기술대학 건립도 안양감리교회가 중심이 되어 물심양면으로 돕고 있다고 한다. 金목사의 설명이다.

"사회에서는 한국교회가 타락했다고, 가진 자들을 위한 교회가 되었다고 손가락질합니다. 그러나 우리 교회와 교인들은 소문내지 않고 정부나 사회단체가 엄두를 못 내는 엄청난 일들을 하고 있습니다. 베트남에서 우리가 버린 1,400명의 라이 따이한들의 영혼을 구한 것은 안양감리교회 교인들의 헌신 덕분입니다."

인도의 뱅갈로우에서 온 정윤진(鄭允鎭) 선교사도 현지에서 학교를 운영하며 선교활동을 벌이고 있다. 鄭선교사는 현지 활동을 체계적으로 추진하기 위해 駐인도 한국선교부를 설립하고 20명의 한국 선교사, 60명의 현지 사역자들과 함께 아시아신학대학 및 대학원, 바울 유치원과 초등학교, 교회를 운영 중이다. 鄭선교사가 학교 운영에 주력하는 이유는 힌두교 원리주의자들의 표적을 피하기 위해서라고 한다. 駐인도 선교부가 운영하는 바울 유치원과 바울 초등학교는 지금까지 700여 명의 졸업생을 배출했다. 앞으로 대학교와 사범대로 교육영역을 확장해 나갈 계획이라고 한다.

네팔의 코리안 산타클로스

토착종교가 강성한 지역에서 교육사업과 함께 애용되는 방법이 의료선교다. 네팔에서 온 김명호(金命鎬) 선교사는 올해 나이가 78세지만 아직도 청년처럼 정정했다. 金선교사는 연세대 의대 교수, 보건대학원장 출신의 저명인사였다. 1990년 정년퇴임 후 봉사하는 삶으로 새 인생을 시작하기 위해 네팔로 가서 5년간 히말라야병원장을 역임했다.

金선교사의 증언에 의하면 네팔은 2,200만 인구에 의사수는 1,100명으로 의사가 턱없이 부족하며, 의대도 전국에 하나뿐이라고 한다. 이를 극복하기 위해 의대 설립을 추진했으나 의사들의 반발로 뜻을 이루지 못하고 방향을 보건소 요원 양성으로 바꾸었다.

金선교사는 한국국제협력단(KOICA)의 금전적 지원과 네팔 정부로부터 토지를 기증받아 카트만두 서쪽 180km 지역에 위치한 치트완에 국립 바라다플 보건대학을 설립하고 학장에 취임했다. 보건소 근무자들을 배출하는 이 학교 운영자금은 네팔 문교부에서 年 5만 달러, 한국의 장미회(간질 치료와 연구를 위한 사단법인)와 호산나 재단에서 기증하는 年 5만 달러로 충당하고 있다.

　　金선교사는 "학생모집 공고가 나가자 50명 정원에 2,200명이 몰려 40대 1의 경쟁이 벌어질 만큼 인기 높은 학교가 됐다"고 말한다.

　　네팔에서는 뇌염으로 연간 3,000명이 목숨을 잃는다. 이를 안타깝게 여긴 金선교사는 지난해 지인(知人)들의 도움으로 뇌염 백신을 입수하여 네팔 주민들에게 접종하여 희생자를 크게 줄였다. 내년에는 22만5,000명분의 뇌염 백신을 기증받아 접종을 할 예정이라고 한다.

　　金선교사의 증언에 의하면 네팔에서는 경찰과 모택동(毛澤東)식 사회주의 국가 건설을 꿈꾸는 게릴라 간에 전투가 격화돼 4년간 1,500명이 사망하는 등 치안이 위태로운 상황이라고 한다. 또 유럽에서 에이즈 환자, 히피, 도박중독자 등이 몰려와 사회를 어지럽히고 있다고 한다. 현지 사정에 대한 金선교사의 증언이다.

　　"네팔 곳곳에는 한 끼 양식이 없어 고통당하는 사람들이 너무나 많습니다. 네팔 여자들이 예쁘다는 소문이 나서 인도의 뭄바이(舊봄베이), 캘커타, 뉴델리 등지로 20만 명 정도가 팔려갔어요. 이 처녀들이 유곽에서 일하다 에이즈에 걸려 귀국하기도 합니다. 네팔 빈민촌에서는 딸이 태어나면 잔치를 벌입니다. 나중에 돈 받고 팔 수 있기 때문이죠."

　　지금도 金선교사는 틈만 나면 해외에서 기부금을 모금하여 학교 운영을 돕고 있다. 또 헐벗고 굶주린 네팔 어린이들에게 의복과 음식을 제공하고 예방 접종을 해주고 있다. 덕분에 金선교사는 네팔에서 「코리안 산타클로스」라고 불린다. 金선교사의 증언이다.

　　"네팔 지도자들을 만나 보면 '우리는 희망이 없다'고 이야기합니다. 저는 '지도층이 허리띠를 졸라매고 뛰면 당신들도 스위스처럼 잘살 수 있다. 당신들보다 여건이 어려웠던 한국도 일어섰는데, 네팔이라고 못할 것이 있는가'라고 용기를 주죠."

육군 대령 출신 선교사 김헌종(金憲宗) 씨

기자가 시카고에서 만난 선교사 중에는 이색 직업인 출신이 많았다. 모스크바에서 온 鄭리안(발레리안 鄭) 선교사는 고려인으로서 모스크바 대학을 졸업하고 모스크바 농대에서 수학교수로 재직 중 선교사가 되었다. 폴란드에서 온 김헌종(金憲宗) 선교사는 육군 대령 출신(ROTC 3기)으로 나이지리아, 스웨덴, 폴란드 무관(武官)을 역임했다. 金선교사는 폴란드 정세와 관련하여 비화(秘話)를 한 가지 공개했다.

"저는 스웨덴 무관으로 재직 시절 폴란드 외교관과 긴밀하게 접촉하여 북한과 수교 중인 폴란드에 무관부 신설 공작 임무를 수행했습니다. 당시 바웬사 대통령은 자유노조의 후광을 업고 집권했지만 일천한 학력으로 국가운영에 난맥상을 보이고 있었어요. 우리 외교 팀은 크바스니에프스키가 집권할 가능성이 높다고 보고 오래 전부터 그와 깊은 관계를 맺어왔습니다. 덕분에 크바스니에프스키가 대통령에 당선된 후 대우그룹의 폴란드 FSO 자동차 공장 인수 등 한국 기업의 현지 진출에 많은 배려를 한 것이죠."

金선교사는 폴란드에서 가장 어려운 것이 언어 문제라고 한다. 폴란드어는 명사의 격이 7개나 되고 동사의 활용이 변화무쌍하기 때문에 폴란드 사람도 정확한 언어를 구사하려면 별도의 과외를 받아야 할 정도라는 것이다. 폴란드는 면적이 한반도의 1.4배로 감자 생산량이 세계 2위를 차지하는 등 국토 전체가 곡창지대다.

金선교사의 증언에 의하면 폴란드인은 '동구의 유태인'이란 평을 듣는다고 한다. 평소에는 온순하고 친절하지만 돈 문제가 개입되면 유태인처럼 자신의 이익을 위해 태도가 돌변한다는 것이다. 또 대가족제, 가족간의 끈끈한 유대, 조상숭배, 효도정신, 묘지에 대한 관심 등은 한국보다 더할 정도라고 한다.

"폴란드는 천문학자 코페르니쿠스, 물리학자 퀴리 부인, 세계적인 음악가 쇼팽, 그리고 現 교황 요한 바오로 2세를 배출한 자존심 강한 나라입니다. 민주화 과정에서 동구권 국가들은 유혈 폭력사태가 벌어졌지만 폴란드는 예외였습니다. 야루젤스키 공산당 서기장이 사표를 내던지고 원탁회의를 열어 바웬사를 집권시켜 무혈 민주화를 이루었죠. 소련 영향권에 있던 시절에도 사유재산의 85%를 인정했고, 종교의 자유도 인정하는 등 소련의 지시에 고분고분 따르지 않았어요."

폴란드는 국민의 98%가 가톨릭을 신봉하는 나라다. 가톨릭에서의 이탈은 상당한 사회적 지위를 잃을 각오를 해야 한다. 이런 환경 때문에 金선교사의 활동은 주로 현지에 진출한 한국인들을 대상으로 한글학교를 운영하는 등 교포 사회의 구심점 역할을 하고 있다. 한국 교포와 사업가들은 언어 문제로 어려움을 겪기 때문에 문제가 생기면 金선교사를 찾는다. 그는 자신을 '5분 대기조'라고 소개했다.

「김정일(金正日) 회개하라」

이번 시카고 선교대회에서 가장 관심을 끈 화두(話頭)는 북한이었다. 북한에 대한 관심도가 높은 만큼 북한 선교를 주제로 다양한 강좌가 마련됐다. 스테판 린튼 박사(북한 식량지원단체인 유진벨재단 대표)가 "북한을 향한 그리스도의 대사(大使)"라는 주제로, 북한을 20여 차례 방문한 조동진 목사가 "평화선교로서의 대북(對北)활동"을 강연했다. 또 김중석(金重石) 목사(서울 사랑교회)가 "북한교회 재건 개척운동"에 대해, 李이삭 목사(모퉁이돌 선교회)가 "북한 선교 평가와 제안"을 주제로 강의했다.

참석자들은 대회기간 중 한 끼를 금식(禁食)하여 모은 성금으로 북한선교 지원금을 마련했다. 대회 폐막일에 발표된 선언문에도 "우리는 북한동포의 복음화를 위해 조국 통일과 선교의 문이 조속히 열리도록 헌신과 도전으로 힘써 지원할 것이며, 온 교회가 합심하여 하나님께 간구할 것이다"라는 내용이 채택됐다. 폐막식에서는 '다음 대회는 평양에서'란 구호가 등장하기도 했다.

북한선교와 관련하여 대회장에서의 화제는 李이삭 목사가 발표한 '김정일(金正日) 회개하라'는 글이었다(박스기사 참조). 李목사는 이 글에서 "김정일(金正日)은 실패한 정치인이며, 이루 말할 수 없는 죄악을 범한 죄인"으로 규정하고 "군대와 공산당을 해산하고 무장을 해체하고 항복하여 죄악을 용서 받으라"고 주장했다.

대다수 선교사들은 "정권의 눈치를 보느라 언론이나 교계(敎界)가 침묵하고 있는 이 시대에 발표된 용기 있는 글"이라고 동감을 표하면서도 "북한의 협박이 노골화되고 있는 상황에서 이런 글을 발표하는 사람이 무사할지…"하며 걱정하는 눈치였다.

한국은 非기독교국에 의해 식민화된 유일한 나라

기독교는 대단히 공격적인 종교다. 자기 종교를 선전하고 신자로 만들지 않으면 못 견딜 정도로 적극적이며 공세적이다. 덕분에 全세계 곳곳에 그 촉수가 미치지 않은 곳을 찾아보기 힘들 정도가 됐다. 신학자 마이클 그린 박사는 "최근 통계에 의하면 全세계에서 매일 8만~10만 명이 기독교인이 되고 있으며, 중국에서만 매일 2만 명 정도가 기독교를 접하고 있다."고 말한다.

신학자 마틴 마티는 기독교가 세계 종교로 득세한 것은 19세기부터라고 말한다. 이 시기에 힌두교와 불교, 회교, 가톨릭이 무기력증에 빠졌을 때 기독교가 재빨리 그 자리를 차지했다는 것이다. 기독교가 세계 종교로 성장한 것은 제국주의의 식민지 확장과 밀접한 관계를 맺고 있다. 서세동점(西勢東漸) 시기, 선교사들은 제국주의 정부의 지원과 협력하에 '군함과 대포'의 인계철선 역할을 했던 것이 역사적 사실이다.

그러나 신학자 루스 터커는 그의 저서 「선교사 열전」에서 "선교사들이 제국주의 앞잡이 역할을 했지만 역설적으로 자기들이 봉사하는 나라에서 민주정부 수립, 학교와 병원과 대학의 설립 등 식민지 국가가 근대화된 국가로 태어나기 위한 정치적 기초를 확립하는 데 애쓰기도 했다"고 주장했다. 또 문맹타파, 신분제도 철폐, 미신타파 등을 적극 후원한 덕에 제국주의 운영자들과 마찰을 빚기도 했다는 것이다.

박문규 학장(캘리포니아 국제대학교)은 "한국 기독교의 특징은 세계 국가 중 非기독교국에 의해 식민화된 유일한 나라라는 관점에서 풀어가야 한다"고 설명했다. 덕분에 기독교는 나라 잃은 민중들과 고난을 함께 하는 등 민족주의와 갈등을 빚지 않은 유일한 나라가 됐다는 것이다. 그의 설명을 들어보자.

"3·1 운동을 주동한 33人의 애국지사 가운데 16명이 기독교人이었고, 만세운동이 기독교의 조직망을 타고 전국으로 퍼져나갔습니다. 기독교국에 의해 식민화된 나라에서는 기독교가 지배자의 편에 섰습니다만, 한국에서 기독교는 억압받는 자의 편에 섰기 때문에 거부감을 갖지 않게 됐죠. 그 덕에 한국은 세계 선교史에 기록될 정도의 성공을 거두게 된 겁니다."

인종적·문화적 갈등의 치유 역할

신학자들은 오늘날 한국 기독교의 위상, 그리고 국력에 비해 많은 선교사를 해외에 파송하는 경제적 기반을 '기적'으로 표현한다. 한국뿐만 아니라 해외로 나간 550만 한인(韓人) 교포들도 현지에서 활발한 기독교 활동을 벌이고 있다. 배현찬 목사의 증언에 의하면 미주(美洲) 한인교회 주소록에는 총 2,985개 교회가 등재돼 있다고 한다. 배목사는 한국 선교사들의 역할을 한민족 네트워크의 유지 및 운영이라는 차원에서 풀어나갔다.

"한인(韓人) 이민 역사의 3代 수난사를 꼽는다면 1923년 관동대지진 당시의 한국인 살해, 1937년 연해주 조선족의 중앙아시아 대이주, 1992년 LA 폭동 당시의 한국인 습격사건입니다. 이 사건 직후 한인(韓人)들은 단일민족 가치관 속에 안주했던 삶을 반성하고 교회를 중심으로 흑인, 히스패닉 등 미국 내(內) 소수민족과의 접촉을 통해 이해관계를 넓혀가고 있어요." 배목사는 "이런 정신운동은 한국 정부가 정치적으로 해결할 수 없으며, 오직 현지 공동체인 교회가 수행할 수 있는 일"이라고 설명했다. 그는 "미국뿐만 아니라 남미(南美_, 동남아 등에서도 한인(韓人) 교회가 유사한 창구 역할을 하고 있다"면서 이렇게 말했다.

"우리 국민은 돈 벌기 위해 이역만리에서 온 동남아, 조선족 노동자에게 얼마나 많은 설움을 안겨주었습니까. 이런 설움을 달래 주지 못한 채 노동자들을 제 나라로 돌려보내면 그들은 반한(反韓) 감정을 확대재생산하는 역할을 할 우려가 있습니다. 인종적, 문화적 갈등의 치유에 교회가 나서는 것은 한민족의 세계화를 위한 고귀한 역할이라고 생각합니다."

그러나 우리 교회가 짧은 기간에 대량의 선교사를 파송하는 과정에서 갖가지 시행착오에 직면해 있는 것도 사실이다. 무조건 보내고 보자는 거품주의와 물량주의로 인해 먼저 진출한 선교사와의 중복 선교, 주도권 싸움, 타 선교단체 비방 등 갈등과 마찰이 빚어지기도 한다.

한국 선교사들의 사명

한도수 선교사가 발표한 '선교사역 원리'(「바울선교」, 2000년 7~8월호)라는 글에는 "C국과 R국에서는 노골적으로 한국 선교사들이 선교를 망치고 있다고 서구 선교사들이 분통을 터뜨리고 있다"고 지적하기도 했다. 일부 내용을 소개한다.

"한국은 단일민족으로서 하나의 문화권 속에서 살아 왔다. 또 삼면이 바다이고 북(北)은 철의 장막이기에 외국에 대한 동경은 있어도 외국 문화에 대해서는 잘 모를뿐더러 폐쇄적이다. 이런 문화권에서 살아온 한국 사람들이 타(他) 문화권에 대한 이해나 훈련 없이 갑자기 선교지에 가서 사역할 때 많은 문제가 발생한다고 한다. 훈련 없이 전쟁터에 나간 군인이 과연 승리할 수 있을까?"

문화인류학자들은 한 사회에 전파된 고등종교는 문화를 건전하게 변혁시키는 반면, 하등종교는 문화를 타락시키는 역할을 한다고 말한다. 기독교 신학자들은 "한 사회에서 기독교 인구가 20% 정도가 되면 그 사회와 문화를 변혁시키는 주체가 된다"고 한다.

세계로 진출한 우리 선교사들은 국내, 혹은 해외 한인(韓人) 교회의 재정 지원과 사명감으로 아프리카와 남미(南美), 아시아와 중동(中東)의 험산, 오지, 밀림 속에서 의료봉사, 빈민구제, 현대식 교육사업, 새마을운동 등을 펼치고 있다. 이런 활동을 통해 인간의 가치, 인권의 고귀함, 올바른 삶의 자세를 가르치고 있다. 서양인들의 전유물처럼 알려졌던 가치관들, 즉 약소민족을 각성시키고 가난한 이웃, 핍박받는 자들의 고통을 어루만지며 삶의 희망을 심어 주는 일을 한국 선교사들이 실천하고 있는 것이다.

그러나 도움을 받는 것보다 주는 것이 더 어려운 것이 현실이다. 때로는 문화적 이해의 미숙으로 남을 도우면서도 욕을 먹는 사례가 벌어지기도 한다. 해외 현장에서 활동 중인 우리 선교사들이 문화충돌을 극복하고 그 나라 문화를 건전하게 변혁시키는 역할을 할 수 있을까. 그리하여 개화기 조선에서 활동했던 서양 선교사들이 한국 사회의 근대화를 향한 불씨가 되었듯이, 그 나라 발전의 뇌관 역할을 할 수 있을까.

기자는 시카고 휘튼대학 교정에서 제4차 한인(韓人) 세계선교대회를 취재하며 한국 선교사들의 어깨에 지워진 사명이 결코 만만한 것이 아님을 체험할 수 있었다.

재미있는 기독교 통계

기독교 신학자들은 세계 2만4,000여 종족 중 아직도 1만여 종족(21억 명)이 미전도 상태로 남아 있다고 말한다. 세계의 종교 중에서도 개신교가 가장 높은 증가율을 보이고 있다. 세계 인구 중 1%가 성경을 믿는 기독교인이 되기 위해 1430년이 걸렸다. 서기 1430년에 전 세계 인구 중 기독교 신자 비율이 1%, 1970년에 5%, 1993년에 10%로 증가했다. 세계의 기독교국에서 파송한 선교사 수는 41만 명. 이중 개신교 선교사는 14만 명이며, 미국이 6만4,000명을 파송하여 세계 1위, 한국은 8,200명을 파송하여 세계 3~4위권이다. 세계 기독교인의 연 총소득은 12.3조 달러. 이들이 내는 헌금 총액은 2,130억 달러(총 소득의 1.73%). 이중 해외 선교에 쓰이는 금액이 114억 달러.

▲세계 인구 증가율 연 1.6%

▲오순절 및 카리스마틱 교인 증가율 7.3%

▲복음주의 신자 증가율 5.7%

▲로마 가톨릭 증가율 -1.2%

▲이슬람 증가율 2.7%

(월간 조선 2000년 9월호. 金容三 김용삼 기자)

2. 성경적 기업윤리와 사회적 책임

경제정의지수(KEJI INDEX)를 중심으로-

"네 마음을 다하고, 목숨을 다하고, 뜻을 다하고, 힘을 다하여 주 너의 하나님을 사랑하라 하신 것이요, 둘째는 이것이니 네 이웃을 네 자신과 같이 사랑하라 하신 것이라 이보다 더 큰 계명이 없느니라"(막 12:30-31)

Ⅰ. 서론

우리는 지금도 삼풍백화점, 성수대교 참사, 대통령과 재벌의 비자금 사건에 이어 '한보' 사건 같은 파괴적이고, 비윤리적 권력형 비리사건들 앞에서 분노와 좌절을 되풀이 하며 살고 있다. 탐욕이라는 우상에 사로잡힌 기업인이건, 정치인이건 공직자이건 정직하지 못한 가치관과 관행의 위력 앞에 대다수의 우리는 속수무책에 가까운 만성적 피해자로 살아가는 한 마리의 어린양에 불과하다. 명색은 다수결의 민주주의를 표방하고 있지만 실상은 부정직한 그리고 세계에서 유례가 없는 소수의 경제적, 정치적 권력집단에 의해 전체의 불필요한 피해가 강제되는 개혁되어야 할 위선적 이중적 구조의 사회에서 우리는 비전을 상실해 가고 있는 것이다. 이른바 성장모법국이 이제는 부패문화공화국으로 추락하고 있다[2].

"네 고관들은 패역하여 도적과 짝하며 다 뇌물을 사랑하며 예물을 구하며...〈중

---
[2] 1995, 국제 청렴도 지표(TI보고서)상 우리나라는 10점 만점에 4.29점으로 조사대상 41개국 중 27위.

략) … 그러므로 주 만군의 여호와 이스라엘의 전능자가 말씀하시되 슬프다 내가 장차 내 대적(對敵)에게 보응하여 내 마음을 편하게 하겠고 내 원수에게 보복하리라."(사 1:23-24)

따라서 세계 속에서 국민적 역량의 통합을 통한 전체적 삶의 질을 개선하며 통일을 대비해 보겠다는 우리의 소박한 이상의 실현은커녕 그것이 점차 크게 후퇴하고 있다는 점에서 심각한 위기의식을 갖지 않을 수 없다.

이러한 상황은 우리 경제의 급성장이 그 과정의 정당성 없이 목표만을 추구한 한풀(태풍)이 결과의 산물이고, 그러므로 이것은 천민자본주의라는 시대역행의 부작용으로 작용, 인간의 생명, 환경부문, 공정한 경쟁과 노동분배 및 경제구조 등 여러 부문에 걸쳐 과다한 반사적 비용을 요구하며 정상적인 사회경제체제를 위협하고 있다.

그러므로 우리는 먼저 부정직한 기업주와 공직자는 망한다는 강력한 법 규정과 투명하고 공정한 효율적 제도와 함께 윤리적 가치기준(하나님과의 관계회복)의 새 패러다임이 시급히 구축되어야 한다. 미지의 산행을 하면서 나침반은 안전하고 정확하게 목표에 이르는 효율성과 함께 중요한 과정의 정확(정당)성을 우리에게 제시한다.

그러나 이제 다원적 가치관과 다양한 이익집단을 갖게 된 우리 사회에서 전체가 지향해야 할 뚜렷한 목표(하나님에 뜻에 맞는)의 설정과 거기에 이르는 합리적인 새 가치기준의 패러다임을 구축한다는 것은 그리 쉬운 일이 아니다. 우리에게는 나침반은커녕 상식적 판단기준조차도 실제에 적용되지 않는다는 데 문제의 심각성이 있다.

이러한 현실의 도전을 극복하려는 객관적인 제 3섹터(시민단체)의 개혁자로서 또는 감시자와 견제와 균형의 조정자로서의 큰 역할이 과거 어느 때보다도 커지고, 보다 강화되어야 한다. 그것이 오늘날의 불신사회 속에서도 경실련을 비롯한 시민단체에 대한 국민의 기대와 신뢰도가 가장 증폭되는 결과를 가져 온 이유이다[3].

서구사회에서의 근대자본주의는 청교도적 경건과 금욕주의라고 하는 성서적 기초가 자리하고 있었지만, 우리 경제의 고도성장은 "잘 살아보자"는 눈앞의 원초적 본능(恨)을 실현하는 과정에서 상실된 전통적 유교윤리 등의 가치관을 대체할 교회와 개인과 기업의 뚜렷한 성경적 실천윤리기반은 매우 허약했다는 강한 자가비판이 사후적으

---

[3] 공보처 발행, 「한국인의 의식과 가치관」, 국정신문, 1997.1.1, 앞 조사에서 우리 사회에서 가장 신뢰할 수 있는 기관 (1)시민단체,(2)군대,(3)의료기관,(4)교육기관,(5)종교기관 등 순위로 나타남.

로 가능하다.

물론, 우리 기업 중에는 성경적 기업경영으로 매우 사회 환경 속에서도 청지기의 역할을 성실히 수행해 온 기업가도 있으나 전체적으로는 기업을 사유물(인본주의적)로 여기고 있는데서 비윤리적인 모든 문제가 발생한다(딤전 6:10, "돈을 사랑함이 일만 악의 뿌리가 되나니 이것을 탐내는 자들은 미혹을 받아 믿음에서 떠나 많은 근심으로써 자기를 찔렸도다").

그러나 한편 다행하고 분명한 사실은 이제는 사회적인 책임을 다하며 윤리적으로 건강(하나님과의 회복)하지 않으면, 효율극대화라고 하는 것은 우상이 되고 그런 기업은 도태될 수밖에 없는 깨어난 시대를 우리가 동시에 맞게 되었다는 것이다.

이러한 시대적 요청에 따라 우리 연구소는 지난 1991년부터 한국적 자본주의 정신의 가치실현을 위한 구체적인 한 도구(제도)로서 기업가가 마땅히 지켜야 할 구체적 가치기준(경제정의 지수, KEJI INDEX)을 개발, 기업과 사회에 자그마한 향도적 역할을 해오고 있다. 따라서 우리 경제현실에 맞는 성경적 기업가 정신은 무엇이고 어떤 배경을 갖고 있으며, 여기에 이 지표는 어떤 의미가 있고 어떻게 그 가치가 실현되고 더 개발되어야 하는가에 대해서 논의하고자 한다.

II. 성경적 기업윤리

1. 사회적 책임실천의 우리 원형(原形)들

기업과 사회와의 관계는 기업의 목적과 사회의 목적에 따라 조화를 이루고 사회적 정당성을 획득할 수 있어야 한다. 기업목적은 역사적으로 다음 표와 같이 크게 세 단계로 변화되어 왔다고 할 수 있다.4)

대략 1단계인 '이윤극대화 경영'은 산업화가 시작되는 경제발전의 초기에, 2단계인 '수탁경영'은 산업화가 급속도로 진행되는 경제발전의 성장기에, 3단계인 '생활의 질 경영'은 산업화가 무르익는 경제발전의 성숙기에 나타나는 것으로 보인다(기업과 사회, p138).

---

4) R. Hay and E. Gray, "Social Responsibilities of Business Managers," *Academy of Management Journal*(Mar. 1974), p141을 수정·인용함.

제1단계(미시경영)	제2단계(거시경영 A)	제3단계(거시경영 B)
이윤극대화 경영 단계	수탁경영 단계	생활의 질 경영 단계
경제적 기업목적의 추구 (자본가적 이윤의 추구)	사회적 기업목적의 추가 (이해관계자 이익의 추구)	균형적 다원목적의 추구 (사회적 목적의 확대)
순수한 사적이익	사적이익 공헌이익	계몽된 사적이익 공헌자의 이익 사회의 이익
나에게 좋은 것은 나의 국가에도 좋음	우리 기업에 좋은 것은 우리 국가에도 좋음	사회에 좋은 것은 우리 기업에도 좋음
극대이윤의 추구	만족이윤의 추구	적정이윤의 추구

  수년전 제1회 호암상 시상식장에서 고(故) 장기려 선생님이 수상소감으로 "내가 이처럼 자그마한 인생의 가치를 살 수 있었던 것은 세 개의 말씀이 늘 힘이 되어 주셨는데, 하나는 '하나님을 섬기다 보니 사람을 섬기게 되어 기쁘다'고 말씀하신 고 백남준 선생님(전 연세대 총장)의 말씀이시고, 둘은 구약성경 다니엘 12장 2절의 '땅의 티끌 가운데서 자는 자 중에 많은 사람이 깨어나 영생을 받는 자도 있겠고, 수치를 당하여서 영원히 부끄러움을 당할 자도 있을 것이며'이고, 셋은 '인자(仁者)가 온 것은 섬김을 받으려 함이 아니라 도리어 섬기려 하고 자기 목숨을 많은 사람의 대속물로 주려 함이니라'고 한 성경말씀(막 10:45)이었다"고 고백하시므로 장내를 숙연케 한 것을 상기하게 된다.

  또 그분은 이북에 두고 온 부인과의 만남은 매일의 간절한 소원이지만 남북한이 전쟁의 방법으로 통일되는 것은 바라지 않는다는 말씀도 전자가 그리스도인 혹은 그리스도 경영자(고신의료원 설립운영 등)로서의 투철한 청지기 정신의 표현이라면, 후자는 어떠한 극한 상황 하에서도 인간이 지켜 목적과 수단의 등치성(等値性)을 분명히 보여주신 것이고 자기를 죽이는 이타적인 뜨거운 인간애의 신앙고백이요, 기도문으로서 우리의 심령에 지금까지도 크고 큰 감명을 주고 있다.

  물론 이 분은 의사라는 하나님의 소명을 받아 선택된 분이었다는 직업상의 특성이 있고 일반 기독교 기업인들이 한국의 슈바이처라고 하는 그분의 행적을 다 닮아 달라고 요구하는 것은 그 자체가 무리일 수 있다.

  그러나 일반기업가 중에도 우리 제 1회 경제정의기업상을 수상한 기업 한국유리의 최태섭 회장도 1991년 12월 "오늘날 우리 경제가 어려운 이유 중 하나는 '기업은 곧 내 것'이라는 그릇된 인식에서 비롯됩니다. 그러다 보니 자연히 기업주들은 욕심이 생기고, 또 나만 잘 살겠다는 비윤리적인 기업태도가 생기는 것이지요"라고 소감을 피력하였다. 그 뒤 최회장은 인간 상록수에도 추대되었는데 당시 82년간의 생애, 그 중 반세기를 사랑, 희생, 봉사를 푯대로 세워 기업을 통한 사회적 책임을 수행해 온데 대한 세상의 작은 보상이었다.

그때 한국유리 노조위원장에게 TV기자가 경제정의기업상 수상 소감을 묻자 "예, 우리 회장님은 종업원 체육시설 하나 마련하시는 데도 부동산 투기가 되지 않을까 염려하시니 저희들은 종종 답답할 정도지요"라고 즐거운 불만을 털어 놓은 것이었다. 당시 이 나라는 1990년도에 재벌들의 땅 투기 적발을 위해서 5.8 비업무용 부동산 판정 조치까지 시행했으나 지속된 땅 투기와 전세값 폭등으로 수많은 서민들이 자살까지 하는 어려운 때였다는 점에서 최회장은 자기 유익을 위하여 남을 해치지 않고 윤리적으로 사회적 책임을 실천한 성경적 기업인으로 볼 수가 있다.

최회장은 수상 당시까지만 해도 아카데미하우스에서 유아원에 이르기까지 20여개의 교육, 복지, 종교 등 다양한 공익사업에 참여하고 있었으며, '유산 안 남기기 운동'에도 발기인으로 참여하고 있었다. 또 사람의 재물은 하나님이 주신 것이므로 나누어야 한다는 신조로 1960년대 초부터 사내장학금제도를 만들고, 1961년도에는 자발적으로 노조를 설립한 뒤 그때까지 노사분규가 한 번도 없었고, 1969년 기업을 공개 종업원지주제를 시작하여 오늘에 이르고 있다. 당시 7개(현재 9개) 계열기업도 모두가 유리관련 기업으로 오직 한 길을 파며(업종 전문화), 세계 10대 유리기업의 반열을 목표로 하고 있었다.

이러한 사실은 천민자본주의적 약육강식의 기업 환경 속에서 이렇게 청지기정신으로(청교도 정신의 약점까지도 극복했다고 볼 수 있는) 성경적 경영을 실천하면서도 기업의 존립이 가능할 수 있다는 한 가지 분명한 증거로 볼 수 있다. 그러나 만약 이 한국유리가 과거에 다른 대부분의 재벌들처럼 땅 투기나 정경유착과 업종다각화 등과 같은 비성경적 경영을 해왔다면 1980년대 말 30대 재벌에서 탈락되는 일은 없었을런지 모른다는 가설이 가능하다.

이런 성경적 경영자는 예수님의 십자가를 같이 지고 순종하는 순교자일 수도 있다(마 16:24, "이에 예수께서 제자들에게 이르시되 누구든지 나를 따라오려거든 자기를 부인하고 자기 십자가를 지고 나를 따를 것이니라"). 이러한 기독인 기업인이 우리 사회에 10명, 50명, 100명으로 늘어나는 고통을 외면할 수 없고, 이러한 정도(正道)

경영자들이 잘 되는 그러한 제도와 기업 환경을 만드는 일이 중요하다.

2. 프로테스탄트 기업윤리와 한국 자본주의의 실체

고전적 칼빈주의나 막스 베버의 프로테스탄트 윤리의 기준에서 우리는 어떤 종류 또는 수준의 자본주의 정신세계에 도달하여 있는가, 그리고 그것을 극복해야 할 과제가 무엇인가를 아는 것도 이번 주제의 접근에 도움이 된다고 본다.

한마디로 칼빈이나 베버의 프로테스탄티즘을 극복하기는커녕 400년 전의 루터의 심정윤리나 칼빈의 선택설 또는 예정설(Gnaden Wahl)의 하나님의 영광만을 위한 청지기로, 그리고 거기에 따른 개인주의적 책임윤리, 효과윤리나, 막스 베버의 금욕적 자본주의와 기업가 정신의 경지에 도달하기는커녕 비합리적, 전기적(前期的) 천민자본주의 형태로 우리는 근대 자본주의정신과는 너무 먼 거리에서 방향을 잃고 표류하고 있다고 보는 것이 타당하다고 볼 수 있지 않을까.

그래서 우리는 오늘도 100여 년 전에 베버가 이익의 극대화 합리적 자본축적의 정당성을 강조하면서 대내도덕(對內道德), 대외도덕(對外道德)[5]이 분리되어 집단이기주의가 지배하는 것을 크게 경계하고 당시 독일의 기업가가 가부장적(家父長的)으로 권력과 결탁하여 비합리적인(부정한) 영리추구를 하는 것은 '반동적인 자본주의'라고 강력히 비판하고 정치권력과 결탁하는 것은 '정치적 자본주의', 윤리적 제한 없이 모험적 투기적으로 이익을 얻는 것을 '자본주의적 모험가'로 '천민계급이나 장인자본주의' 또는 '천민자본주의'라고 비판 또는 정의했던 비합리적인 전근대적 자본주의 행태들이 현재 우리 사회에 복합적으로 나타나고 있다. 우리는 다만 분배문제만은 신에게 맡겼던 칼빈과 베버의 큰 약점만을 수용하는 큰 우(愚)를 범하면서 말이다.

또한 프로테스탄트적인 자본주의 정신없이 정부의 특혜를 받아 성장한 소수의 거대 재벌들이 이제는 국가의 경제력과 정치, 사회, 언론, 문화의 여러 권력을 장악하고 국가자원의 효율성을 저해하며 정상적인 후기 경제균형개발에 큰 저해요인으로 작용하기까지 하는 안타까운 현실에 우리는 직면해 있는 것이다. 절대권력은 절대 부패한다고 하는 것인데, 더구나 지금은 정치권력에서 경제권력으로 권력의 축이 빨리 이동하고 있다는 점에서 큰 위기의식을 갖지 않을 수 없다. 세계에도 유례없는 짧은 경제발

---

[5] 천민자본주의시대의 한 개념으로 대내도덕(Binnenmoral)은 혈연, 지연 등 집단내에서는 온정과 향토애로 이해타산을 초월해 대우하는 것. 대내도덕(Auβenmoral)은 다른 집단에 대해서는 사기, 도둑질 등을 자행하는 것. ※우리기업의 부당한 내부거래 행위의 유형

전사라고 변명하기에는 너무 지나친 소수의 경제, 정치권력을 중심으로 한 천민자본주의, 반동적 자본주의, 정치적 자본주의가 모두 혼재(混在)된 거대한 카오스와 아노미 현상의 도전을 우리는 위기의식을 갖고 응전하여 극복해야 할 역사적 순간에 처해 있다.

3. 한국의 천민자본주의 극복과 교회의 반성

마틴 루터도 세속적 직업 안에서 하나님께 대한 의무이행이 개인의 도덕적 실천의 최고명제로 보았으나 이것은 이신득의(以信得義)의 심정(心情)적 정적(靜的) 윤리인 쪽인 반면 칼빈은 선택받은 자의 "신의 영광을 빛내게 하는 것이 중심관념으로서 그것에 도달하려는 책임과 효과윤리, 즉 동적인 적극적인 실천윤리였다"고 볼 수 있다.

이러한 신앙의 차이는 일찍이 바울 사도와 루터로 이어지는 선행이 아닌 오직 믿음으로써만 의롭다고 하는(갈 2:16, 롬 3:28) 신념과 아모스, 베드로, 야고보, 칼빈으로 이어지는 선택된 자도 선행으로 의롭게 된다(약 2:14, 신 28:30, 롬 2:6)라고 하는 신념의 차이가 오늘날까지 우리 한국교단에도 영향을 주고 있는 문제로 보인다.

이 문제는 한국자본주의의 현주소와 교회와의 관계를 연구하는데 중요한 한 단서가 될 수 있기 때문이다, 또한 이 문제는 19세기 복음주의 이후 서구사회에서도 믿음이 깊은 기업가들조차 신앙과 기업 활동을 분리하여 살고 있다는 문제와 관련되어 있다.

이런 결과 우리 사회의 1천만 명이 넘는 기독교인과 많은 기독교인 기업가가 있는데도 비기독교인과 차별화가 안 되므로 기업윤리문화는 물론 사회전체의 도덕성이 추락한 중요한 원인이 되었다고 본다. 실제로 이신득의 복음중심 신앙은 독재정권과 경제성장과 타협하며 기복주의와 극단적 이기주의라는 과정을 밟아온 것이다. 세상의 권력에 대해서도 기독교는 순종해야 한다(롬13:1-2). 그러나 세상의 법이 하나님의 법에 위배될 때는 결연히 거기에 맞서서 하나님의 법을 지켜야 한다는 성경의 가르침(행 5:29 ; 베드로와 사도들이 대답하여 이르되 사람보다 하나님께 순종하는 것이 마땅하니라)을 우리는 회피했던 것이다. 그 결과 종교기관의 사회적 신뢰도는 매우 낮은(5위, 주1 참조)에 머무르고 있는 실정이다.

실제로 우리 연구소로부터 경제정의기업상을 받은 상위 10개 기업과 하위 5개 기업을 종교별로 분석 해봐도 기독교 기업가의 성적이 타종교나 무종교에 비해서 크게

나은 것이 없다는 것을 볼 수 있다.(주: 별지 A)

따라서 이제부터는 한국교회가 이신득의(갈 2:16, 롬 4:1-3)라는 복음을, 하나님 사랑과 이웃사랑의 최고 계명, 하나님 뜻대로 행하는 것이 무엇인가(마 7:21), 눅 8:21 등)의 실천윤리를 조화 있게 해석함으로써 한국의 기독교 정치인, 공직자, 기업가들이 윤리적 책임에도 열심 하는 청지기(기업가) 정신으로 변화될 수 있을 것으로 믿는다.

이렇게 될 때 칼빈이나 베버의 "분배문제는 하나님께 맡긴다"는 약점까지도 삼상 2장 6-7절, "가난하게도, 부하게도, 높이기도, 낮추시기도 하신다"라는 말씀과 잠언 28장 27절, "가난한 자를 구제하는 자는 궁핍하지 않으려니와 못 본 체하는 자에게는 저주가 크리라"라는 말씀의 조화 있는 해석으로 극복할 수가 있을 것이다.

Ⅲ. 외국의 사례

미국의 〈포천〉지는 미국의 존경받는 10대 기업과 업종별 순위를 가려내기 위해 8천 명의 경영자·재무분석가 등 전문가를 대상으로 설문조사를 실시하여 재무적 건전성, 사회환경에 대한 책임, 장기적 투자가치, 상품과 서비스의 질, 경영의 질, 훌륭한 인적자원 개발여부, 기술혁신, 회사자산의 효용 등 8개항에 대해 종합점수를 매겨 가장 존경받는 기업과 가장 존경받지 못하는 기업을 발표하고 있다.

이에 비해 CEP(The Council on Economic Priorities)라는 미국의 시민단체는 우리처럼 공적 자료를 사용 자선헌금, 여성지위향상, 고용평등, 동물애호, 정보공개, 지역사회 협력, 남아공 인종차별 지원, 환경보호, 근로자 가정의 이익, 근로복지와 안전 등 10개 항목별로 점수를 매겨 각각 그 호불호(好·不好)의 성과를 평가하고 있다.

CEP는 또 소비자 유관업체 중심으로 평가하여 그 결과로 소비자 주권행사를 강화하고 있는 점이 특색이다. 10개 항목별 성과가 탁월한 5~6개 기업에 대해서는 '미국기업 양심상'을, 성과가 극히 불량한 2~3개 기업에 대해서는 '불명예 칭호'를 전달하고 『Shopping for a Better World』 라는 소비자 가이드 책자를 만들어 소비자가 좋은 회사 제품을 구매하도록 홍보하고 있다. 이 책자는 〈뉴욕 타임즈〉 등 주요 언론들의 강력한 지원 아래 연간 100만 부 가까운 베스트셀러로서 막강한 영향력을 발휘한다.

이것은 평가결과를 1회성으로 끝내지 않고 그 홍보효과가 지속되게 함으로써 좋은 기업에 대한 '사회적 인센티브'를 극대화하려는 전략이다. 이것은 소비자가 상품을 구매할 때보다 좋은 세상을 위한 경제적 투표(economic vote)로 유도(교육)하는 합리적 실용주의의 개념으로 사회적 생산성을 위한 높은 가치를 갖는다.

Ⅳ. 경제정의지수(KEJI Index)의 성경적 의미

"운동장에서 달음질하는 자들이 다 달릴지라도 오직 상 받는 사람은 한 사람인 줄을 너희가 알지 못하느냐 너희도 상을 받도록 이와 같이 달음질하라. 이기기를 다투는 자마다 모든 일에 절제하나니 그들은 썩을 승리자의 관을 얻고자 하되 우리는 썩지 아니할 것을 얻고자 하노라"(고전 9:24-25)

오늘날 기업은 생산을 통하여 국민경제에 공헌하고 스스로는 이윤의 극대화를 위하여 총력을 기울인다. 기업이 제 기능을 충분히 발휘하려면 우선 수익성이 높아야 하며, 지속기업으로서 안정성과 성장성이 확보되어야 한다. 즉 기업의 경영성과가 좋아야 한다. 이러한 수익성, 안정성 및 성장성에 중점을 두고 기업을 평가하려는 노력은 일찍부터 있어 왔다. 우리나라에서도 한국능률협회, 한국신용평가주식회사 등에서 해마다 이러한 기준에 의하여 우량기업을 평가하고 있다.

그러나 기업의 이러한 경영성과만을 가지고 그것이 '정의로운 기업' 혹은 '존경받을 만한 기업'이라고 평가할 수는 없다. 정의롭지 못하면서 높은 수익을 올리는 기업도 있기 때문이다. 기업이 어떠한 수단을 써서라도 수익을 올리고 성장을 빠르게 하면 경영성과에 의한 평가에서 우량기업으로 선정될 수 있어도 반드시 국민으로부터 존경받는 기업이 될 수 있는 것은 아니다.

국민으로부터 존경받는 기업, 혹은 정의로운 기업이 되기 위해서는 창의와 혁신으로 사적 이윤을 추구함과 동시에 사회적 공헌도가 높아야 한다. 사회적 공헌도란 먼저 재무적으로 건전하고 기업 활동이 건전, 공정하고 국가경제발전에 기여하며 종업원기여, 기술혁신, 환경오염예방과 소비자를 포함한 사회복지부문의 총체적 기여도를 높이는 것을 말한다. 이러한 일에 노력을 경주하는 기업을 사회적 공헌도가 높은 기업이라고 본다. 구체적으로 경제정의賞 수상기업 선정기준은 다음과 같다(경제정의연구소,

1994).

1. 공정거래 질서와 기업관련 법규를 성실히 지키는 기업
2. 재테크와 불건전 지출을 지양하며 본업에 충실하는 기업
3. 산업공해 예방과 환경오염을 개선하는 기업
4. 창의와 기업가정신으로 기술혁신을 강화하는 기업
5. 종업원 능력개발, 복지증진과 산재를 방지하며 노사화합을 이루는 기업
6. 기업정보를 성실히 공개하며 고객만족에 힘쓰는 기업
7. 사회복지·문화·지역사회 지원 등 사회공동체 역할을 성실히 수행하는 기업
8. 기업주의 소유 집중을 완화하고 경영을 전문화하는 기업
9. 생산성 향상을 도모하며 재무구조를 건전하게 유지하는 기업
10. 효율적 고용증대와 국제화로 경제발전에 기여하는 기업

이러한 기준에 따라 정의로운 기업을 선정하고 있지만 기업활동을 객관적으로 평가할 수 있는 신뢰할 수 있는 자료를 구입하는데 따른 애로로 인하여 정의로운 기업을 결정하는 데 있어서는 많은 어려움도 따르고 있다. 그러나 경실련이 그동안 보여 온 불편부당한 행동에 비추어 볼 때 최선의 방식으로 가장 객관적으로 정의로운 기업을 선정하고 있다는 점은 분명하다. 경제정의연구소의 이러한 노력이 건전한 기업윤리를 확립하는데 크게 기여할 수 있으리라고 확신한다.

1. 기업 활동의 건전성

가. 주주구성과 기업경영자 독점 정도

ㅇ 대주주 지분율 : 대주주 지분율이 높은 것은 소유의 분산을 하지 않고, 기업을 하나님의 것이 아닌 내 것으로 여기는 중요한 증거의 하나로 볼 수 있다. 기업주는 물론 친인척과 특수 관계인의 소유주식까지 합산한 것(내부 지분율)으로 이 지표가 기업의 건전성을 잴 수 있는 가장 중요한 기준이 된다.

"내가 전에는 비방자요 핍박자요 폭행자였으나 도리어 긍휼을 입은 것은 내가 믿

지 아니할 때에 알지 못하고 행하였음이라"(딤전 1:13).

○ 경영세습 상태와 전문경영인 정도(달란트를 재능대로 종에게 맡기는 비유) : 소유와 경영의 분리(마 25:14-19). 청교도적 금욕적 직업윤리는 효과를 극대화하기 위해서 자기억제와 계속적인 훈련으로 전문인이 되는 것이 자기와 사회에 유익한 것으로 보았다.(벧전 4:10, "각각 은사를 받은 대로 하나님의 여러 가지 은혜를 맡은 선한 청지기 같이 서로 봉사하라") 눈물겨운 경험이 없는 재벌 2세가 비록 학벌과 지식은 뛰어나다 해도 경영에서는 실패할 확률이 높다고 보아야 한다. 상속의 헛됨은 시편 49편 10절, "그러나 그는 지혜 있는 자도 죽고 어리석고 무지한 자도 함께 망하며 그들의 재물은 남에게 남겨 두고 떠나는 것을 보게 되리로다"를 참고할 수 있다. 그리고 성경적 경영자는 섬기는 가가 되어야 한다(막 10:45).

나. 투자지출과 기업 활동의 건전성

○ 보유부동산 : 성경에서 땅은 하나님의 소유로 매매의 대상이 아니라 차용만이 허용된다(레 25:23). 그러나 우리나라에서 땅을 통한 기업의 이익 실현이 오랫동안 용인됨으로써 부의 편재가 심화되고 일만 악의 뿌리가 되었다.

따라서 과거에 이 땅에 대한 기업의 정직성 여하가 기업성장의 상당부분을 좌우하였고 이것이 부의 정당성이 인정받지 못하는 잠재적 큰 이유이기도 하다. 한국 조세연구원도 기업의 토지재평가제도를 없애는 것이 비윤리적인 기업의 행태도 막을 수 있다고 정책대안을 내놓고 있는 실정이다. 토지의 공개념은 더욱 강화되어야 한다.

○ 소비성 지출행위 : 접대비·기밀비는 미국 등 선진국에서는 인정되지 않는 우리 사회의 악습이다. 연간 약 4~5조 원의 접대비 지출은 사회의 퇴폐 향락문화를 유발, 사회를 파괴시킬 뿐 아니라 뇌물과 비자금으로도 은폐될 수 있고 공정한 경쟁을 저해하며 기업의 장기투자도 영향을 받는다.

따라서 접대비는 없애거나 손비처리를 축소해야 한다.(계 18:3, "그 음행의 진노의 포도주로 말미암아 만국이 무너졌으며 또 땅의 왕들이 그와 더불어 음행하였으며 땅의 상인들도 그 사치의 세력으로 치부하였도다.", 계 18:7, "그만큼 고통과 애통함으로 갚아 주라", 출 23:8, "너는 뇌물을 받지 말라. 뇌물은 밝은 자의 눈을 어둡게 하고 의로운 자의 말을 굽게 하느니라")

　　○ 광고 선전활동 : 이것은 자본주의 보장책으로 등장하여 접대비와 함께 우리 사회의 절제와 경건을 방해할 수 있다. 또한 허위, 과대, 선정적 광고로 소비자를 속일 수도 있다. 연간 5백대 기업이 5조 원 이상의 광고비를 씀으로써 정당한 기술개발에 지장을 주기도 한다(잠 21:6, "속이는 말로 재물을 모으는 것은 죽음을 구하는 것이라, 곧 불려다니는 안개니라").
　　※ 연간 150여 건의 대기업 허위, 과대, 선정적 광고가 적발되고 있다.

　　○ 사치품과 탈세행위 : "가이사의 것은 가이사에게, 하나님의 것은 하나님께 바치라"(마 22:21). 납세는 기업가의 중요한 법적 윤리적 의무이고 사실은 사회복지 향상의 중요한 지표가 된다. 따라서 납세정의가 조속히 실현되어야 자본주의 병폐(분배)도 시정될 수 있다. 또한 국세청은 탈세정보도 반드시 국민들에게 공개해야 한다.

　　다. 자본조달의 건전성

　　○ 부채의 위험성 : 우리나라는 대기업 평균 자기자본비율이 94, 약 20%로 일본의 30%, 미국의 40%에 비해서 현저히 낮아 남의 돈으로 장사하는 비중이 높다. 우리 기업의 높은 부채는 청지기정신으로 금욕과 절제를 하지 않고 재테크, 과다한 소비성 접대비, 광고비 지출 등 자원을 불건전하게 운영한 원인으로도 볼 수 있다.

　　상호지급보증(잠 22:26, "남의 빚에 보증을 서지 말라"), 상호출자로 업종을 다각화 하고 계열기업을 늘리는데 사용함으로써 중소기업의 성장을 막으며 금리와 물가를 올리는 요인이 될 수 있고, 30대 재벌은 1년에 GNP의 1~3%로 추정되는 약 2조원의 불공정한 금리차지대 이익을 얻기도 한다(강철규, 재벌의 금리차지대와 소유구조, POSRI 95.2)(※최근에도 30대 재벌의 위장계열사(중소기업)가 100여 개 적발되기도 함). 「한보」같은 재벌의 부도로 국제적인 신뢰도마저 떨어지는 상황으로 볼 때 30대 재벌의 과다한 부채는 기업은 물론 나라 경제를 위험하게 할 수도 있다[6].

따라서 30대 재벌의 상호지급보증을 2001년에 완전히 해소하겠다고 한 공정거래위원회의 초지(初志)도 앞당겨 관철되어야 한다.

"피차 사랑의 빚 외에는 아무에게든지 아무 빚도 지지 말라. 남을 사랑하는 자는 율법을 다 이루었느니라"(롬 13:8)

2. 기업 활동의 공정성

"오직 온전하고 공정한 저울추를 두며 온전하고 공정한 되를 둘 것이라. 그리하면 네 하나님 여호와께서 네게 주시는 땅에서 네 날이 길리라"(신 25:15-16).

자본주의 병폐의 하나로 경제력집중으로 인한 대기업의 기업결합, 시장지배 지위 남용과 불공정하도급거래 등 불공정 행위가 심화될 수 있다는 것이 경쟁업체와 소비자의 피해는 물론, 내부거래 등을 통하여 중소기업의 성장을 막아 공정한 공정과 건전한 경제구조를 왜곡시키며 사회갈등을 야기시킬 수 있다. 또한 대기업의 부실한 계열기업의 퇴출을 막아 국가자원의 효율적 이용을 저해하며 모기업까지 부실화 될 수 있는 위험을 안게 될 수도 있다. 따라서 공정거래위원회와 공정거래법의 강화가 한층 요구된다. 법 실시 후 1995년 현재 과거 13년간 공정거래법을 가장 많이 위반한 대기업이 불공정하게 조성된 자본으로 기술혁신을 강화하여 단일기업으로서는 우리나라 최고의 무역흑자를 내고 있는 점 등은 참으로 역사적, 성서적 기준에서의 아이러니라고 볼 수도 있다. 그러나 근본적으로는 누가복음 17장 2절, "그가 이 작은 자 중의 하나(중소기업)를 실족하게 할진대 차라리 연자 맷돌이 그 목에 매여 바다에 던져지는 것이 나으니라"고 말씀한 성구를 기억하며 자중자계(自重自戒)해야 할 것이다.

---

6) 97.1.10., 한국금융연구원과 한국조세연구원의 "기업의 재무구조개선을 위한 금융 및 조세정책 방향에 대한 정책토론회"(손원익, 박경서), 부채비율 높은 기업은 세제상 불이익을 주고, 재벌의 자기자본 계산방식 개선으로 계열기업간 출자 제한.

3. 사회봉사기여도[7]

가. 사회복지

먼저 '자선기부행위'가 있는데 사무엘상 2장 6~7절만을 강조하지 말고 신명기 15장 11절(땅에는 언제든지 가난한 자가 그치지 아니하겠으므로, 내가 네게 명령하여 이르노니 너는 반드시 네 땅 안에 네 형제 중 곤란한 자와 궁핍한 자에게 네 손을 펼지니라)과 잠언 11장 24절(흩어 구제하여도 더욱 부하게 되는 일이 있나니 과도히 아껴도 가난하게 될 뿐이니라), 마태복음 6장 3절(왼손이 모르게)도 균형 있게 강조되어야 한다.

o 장애인 고용 : 우리는 선진국에 비해서 몇 배나 덜 고용하고 있고 우리 기업들이 생산성을 이유로 의무 고용목표(근로자의 2%)의 약 0.43%선만을 고용하고 나머지는 분담금으로 납부하고 있는 실정이다. 전국 100만 명이 넘는 장애인의 인간적 대우에 대해서는 예수님은 이런 사람들을 위해서 이 땅에 오셨고 "누구든지 제자의 이름으로 이런 소자 중의 하나에게 한 것이 내게 한 것"이라는(마 10:42) 말씀을 상기할 필요가 있다.

o 사회복지지원 기부금 : 정부의 복지지원이 부족한 현실에서는 기업도 남는 이익을 사회의 최우선 지원 대상을 선정하여 지원할 필요가 있다. 우리나라 30개 재벌 중 7개(1993년 현재)가 복지재단 자체가 없고, 기업의 89개 공익재단을 통한 사회복지 지원 금액은 연간 3천억 원에 이르지만 복지재단의 운영이 계열회사 주식지분 확보와 불법재산 상속의 수단으로 악용될 소지가 있고, 운영주체의 객관성이 낮다는 비판의 소리도 높다. 따라서 제도적으로나 운영 면에서 투명성, 객관성이 필요하다. 최취약 사회복지지원 프로그램을 개발하여 지출의 순수성과 효율성도 개선할 필요가 있다. 따라서 기존의 고아원, 양로원은 물론 선천성 어린이 심장병, 소년소녀가장 암협회 등 조금 더 구체적으로 지원 우선순위를 제시했다.(신 14:29, 너희 중에 분깃이나 기업이 없는 레위인과 네 성중에 거류하는 객과 및 고아와 과부들이 와서 먹고 배부르게 하

---

[7] 구제는 경제행위의 일부로서 "경제"라는 용어가 동양에서는 원래 "경세제민(經世濟民)"에서 출발한 것을 상기할 필요가 있다.

라. 그리하면 네 하나님 여호와께서 네 손으로 하는 범사에 복을 주시리라)

　　나. 사회지원

　o 지역사회 지원 : 우리나라 100여 개의 기업은 농협 주관의 1사 1촌 운동에 참여하고 있으나 지역사회에 대한 기업의 지원은 아주 미미한 상태다. 앞으로는 선진국처럼 본사나 공장의 지역배치와 기업시설의 지역개방과 현지인 고용확대, 환경복구, 범죄예방과 같은 프로그램을 개발하여 적극적인 시민기업의 역할을 담당해야 지역사회도 건강하게 개발되어 지역사회도 기업에게 생산적으로 반응하여 상호이익이 될 수가 있다.

　o 문예진흥기금 지원 : 역시 기업발전도 사회정신문화(문화예술)의 건전한 발전이 전제되어야 하기 때문에 지표로 선정하고 있다.

4. 환경보호 만족도
(눅 12:27, 백합화와 솔로몬의 비유)

　우리나라는 특히 환경문제가 심각하고 1996 필자가 스웨덴 정부의 분석자료(1992년 현재 전 지구의 환경파괴 복구비용 약 1조8천억 달러)를 세계 속의 우리 GDP 등과 대비하여 분석해 본 결과 우리도 그 복구비용이 약 40조 원(5백억 달러)에 이를 것으로 추정되었다(정부와 기업의 환경관련예산은 1년에 약 7조 원). 인구전환점과 환경전환점의 가설 등 성장과 환경이 반드시 시소게임이 아니라는 긍정적인 보고서도 있지만 전 인류의 절제와 나눔 그리고 환경친화적인 기술개발이 긴박한 과제다.
　지구환경파괴의 책임은 선진국에 있다고 선언한 리우회의(1992) 등이 아니더라도 어느 종교보다도 서구 선진자본주의국가들이 성경을 왜곡하고 천지를 파괴하였다는 점에서 기독교인들이 하나님과 지구촌 비기독교 빈국들에게 속히 갚아야 할 큰 부채를 지고 있는 것이다.
　기독교가 선악과 사건 후 창세기 1장~2장을 크게 왜곡하고 하와의 불순종과 노아의 후손들에게 흩어져 살라고 한 하나님 말씀을 어기고 벽돌과 역청 등의 기술을 개

발, 집단(도시)생활을 하면서 바벨탑을 쌓았던 불순종의 모습이 오늘날까지 이어지고 있는 것이다.[8]

전체 환경오염의 약 50%가 기업의 책임이므로 환경 원가개념으로 폐기물을 재활용(마 14:13~33, 오병이어의 기적)하고 에너지 등 자원의 절감, 투입 → 산출 → 소비 → 회수의 전 과정이 환경친화적이어야 하고 그 수단의 하나로 환경기술개발(특허 실용시안)도 중요한 지표가 된다.

5. 소비자보호 만족도

○ 소비자피해 구제 : 단 6:2 "왕에게 손해가 없게 하려함"(소비자는 왕).

○ 광고의 진실성 : 고후 11:3 "뱀이 그 간계로 하와를 미혹한 것 같이 너희 마음이 그리스도를 향하는 진실함과 깨끗함에서 떠나 부패할까 두려워하노라"

○ 약관의 정당성 : 욥 41:4 "어찌 그것이 너와 계약을 맺고 너는 그를 영원히 종으로 삼겠느냐"

6. 종업원만족도

"밭가는 자는 소망을 가지고 갈며 곡식 떠는 자는 함께 얻을 소망을 가지고 떠는 것이라"(고전 9:10).

○ 산업재해, 직업병 : 신 22:8, "네가 새 집을 지을 때에 지붕에 난간을 만들어 사람이 떨어지지 않게 하라. 그 피가 네 집에 돌아갈까 하노라" 이 지표는 노사화합을 깨뜨리는 중요한 작용을 한다.

○ 최 후진국 형 산업재해국가: 1년에 산업재해 약 10만 건과 그중 약 2천5백 명의 사망과 직업병이 발생하고 1년간 약 5조 원의 사회경제적 비용이 지출되고 있다.

○ 사내 복지기금 : 마 7:12, "그러므로 무엇이든지 남에게 대접을 받고자 하는 대로 너희도 남을 대접하라. 이것이 율법이요 선지자니라"

---

[8] 창 1:28 중의 "땅을 정복하라"는 창 1:28 "땅에 충만 하라"의 방법 즉, 이 말씀은 지구 전체에 흩어져 충만 하라는 뜻이 되고, 그러한 방법을 쓰면서도 창 1:28을 비롯하여 창 1:26에서 "다스리라", "다스리게 하자"(경영위임)가 두 번 반복된 뒤 창 2:15는 그것을 "다스려 지키게 하시고"(선한 청지기 책임)로 세 번이나 강조한 사실을 외면한 것이 환경문제의 시작이었다.

ㅇ 노사화합: 롬 12:18, "할 수 있거든 너희로서는 모든 사람과 더불어 화목하라"
　　ㅇ 경영정보공개 정도: 기업은 내 것이 아니라는 청지기 정신이 필요하다.
　　ㅇ 노동법 : 출 20:8~9, "안식일을 기억하여 거룩하게 지키라. 엿새 동안은 힘써 네 모든 일을 행할 것이나"
　　ㅇ 교육훈련 능력급: 고후 9:6, "적게 심는 자는 적게 거두고 많이 심는 자는 많이 거둔다"
　　ㅇ 고용평등: 약 2:1 "영광의 주, 곧 우리 주 예수 그리스도에 대한 믿음을 너희가 가졌으니 사람을 차별하여 대하지 말라", 2:9 "만일 너희가 사람을 차별하여 대하면 죄를 짓는 것이니 율법이 너희를 범죄자로 정죄하리라"

7. 경제발전 기여도

　　가. 연구개발의 노력과 성과

　　ㅇ 기술(연구)개발: 환경을 회복하고 환경파괴(인간복제)와 안전사고와 전쟁을 예방할 수 있는 기술개발이 기업가(인류)의 최고윤리의 하나로 볼 수 있다. 창 1:31, "지으신 그 모든 것을 보시니 보시기에 심히 좋았더라", 창 11:3~4, "서로 말하되 자, 벽돌을 만들어 견고히 굽자 하고 이에 벽돌로 돌을 대신하며 역청으로 진흙을 대신하고, 또 말하되 자, 성읍과 탑을 건설하여 그 탑 꼭대기를 하늘에 닿게 하여 우리 이름을 내고 온 지면에 흩어짐을 면하자 하였더니", 행 17:2 "이와 같이 하나님의 소생이 되었은즉 하나님을 금이나 은이나 돌에다 사람의 기술과 고안으로 새긴 것들과 같이 여길 것이 아니니라"

　　나. 경영 경제적 성과와 고용창출[수익성 · 성장성 · 설비투자 · 조세납부 · 인력 · 노동생산성]

　　"그 주인이 대답하여 이르되 악하고 게으른 종아 나는 심지 않은 데서 거두고 헤치지 않은 데서 모으는 줄로 네가 알았느냐" (마 25:26)
　　· 조세납부 : 마 22:21 "가이사의 것은 가이사에게, 하나님의 것은 하나님께 바

치라"

다. 대외교역 : 잠 14:34 "공의는 나라를 영화롭게 하고 죄는 백성을 욕되게 하느니라". 신 15:4~5 "네가 만일 네 하나님 여호와의 말씀만 듣고 내가 오늘 네게 내리는 그 명령을 다 지켜 행하면 네 하나님 여호와께서 네게 기업으로 주신 땅에서 네가 반드시 복을 받으리니 너희 중에 가난한 자가 없으리라". 신 15:6 "네가 여러 나라에 꾸어줄지라도 너는 꾸지 아니하겠고 네가 여러 나라를 통치할지라도 너는 통치를 당하지 아니하리라"

V. 결어

우리의 경제력은 외형상으로는 GNP 세계 12위에 위치해 있다. 그러나 우리의 전체 국민의 삶의 질은 선진국의 약 1/6에 불과한 현실이고, 윤리성 사회기반붕괴로 인한 경쟁력의 상실로 무역적자가 심각한 수준을 유지하면서 지속가능한 개발을 어렵게 하고 있다.

또한 경제구조의 불균형은 아직 윤리적으로 성숙하지 못한 독과점적 소수재벌 중심으로 더욱 심화되면서 사회윤리규범과의 갈등도 깊어짐에 따라서 우리의 경제 민주화라는 과제도 어려운 상황이며 계층간, 지역간의 경제의 균형발전은 더욱 후퇴하는 조짐을 보이고 있다.

세계적으로도 10억 달러 이상의 기업 재산가 345명의 총재산 합계금액이 세계인구의 45%의 1년간의 수입액 합계와 맞먹는 사실과도 비유될 수 있고[9] 우리나라도 예외가 아니어서 한 예를 들면 1988년 6월 현재에 우리 전체인구 중 상위 5%가 전국 사유지 전체의 65.2%를 점유한다는 보고서도 나와 있다(토지공개념 연구위).

문제는 국내외적으로 후기 자본주의사회의 병폐는 소수의 개인이나 국가에 경제력이 독과점적으로 집중된다는 것이고 그 소수의 재산가들이 어떠한 청지기적 윤리관을 갖는가가 미래사회를 좌우하게 될 아주 핵심적인 문제로 등장해 있는 것이다.

이제 칼빈의 예정설, 선택설에 의해 조직적으로 끊임없이 자기를 심사하며 나가는

---

9) UNDP 발행, 『CHOICES』, 「"Matters of fact」 중에서, JAN, 1997.

17세기의 엄정주의자(嚴正主義者)와 18세기의 메소디스트의 금욕적 직업윤리(Ethos)[10]를 우리는 현실적으로 재해석, 재개발하고 이미 하나님에 대한 의뢰와 정의가 떠나버린, 금욕주의가 필요 없는 경제적 팽창과 기술혁신에 의존하는 사적 이익의 극대화라고 하는 바벨탑을 쌓는 인본주의의 우상을 극복하여 네 이웃을 네 몸과 같이 사랑하라고 하신 최고의 계명을 실천가치 기준으로 지켜 나가야 한다. 이와 같이 하나님의 관계를 회복하고 경제정의지수에서 예시하는 것과 같이 정당하고 공정한 방법으로 적정 이익을 창출하여 하나님과 사람들의 지지를 받아 인간생명의 존중, 환경과 사회경제발전을 주도하는 청지기(기업가) 정신이 21세기 인류복지를 좌우할 성경적 기업윤리와 사회적인 책임이 아닐까 생각해 본다.

이러한 새로운 기업가 정신을 통한 자율적 책임윤리와 함께 21세기의 지구상의 복지환경문제를 주도할 것으로 기대되는 민간사회단체들이 하나님과 사회친화적인 정직한 기업들이 잘 되는 제도의 개혁 노력과 함께 기업이 사회와 세계에 대한 윤리적 책임을 다하도록 끊임없이 인도하고, 감시하고, 평가하고, 격려하여 기업을 통한 부의 증진이 하나님과 인간에게 부채(악)가 되지 않고 성경적 기업이 잘 되는 정의사회(암 5:24)와 보다 좋은 세상을 만들어 나가는 데 큰 힘을 보탤 수 있게 되기를 바라는 것이다.

그러나 경제정의지수는 중지를 모았을 뿐 우리 시대의 윤리적 전통과 규범을 고려한 상식적인 성경적 기업윤리의 구체적인 실천가치 기준에 불과하다. 따라서 도덕적 완벽주의가 아니고 도덕적 상대주의에 해당한다. 이제 학계, 종교계 등이 서로 도와서 한국적 자본주의의 성경적 기본가치와 기업의 구체적인 실천 가치기준을 계속 개발하여 실천을 극대화 하도록 하는 노력이 중요하다 하겠다.

(통합연구학회지 6.7 1997년, 김홍권, 경실련 경제정의연구소 기업연구실장)

---

10) 모두 하나님의 영광을 위해 시간과 행동을 조직적으로 무위의 명상, 무익한 사교, 사치 등을 철저히 배격한 근면과 경건, 금욕과 절제를 하고, 신의 뜻에 맞는 정당한 수단에 의하여 효율적으로 이익을 얻는 것을 윤리와 책임으로 여기는 직업 윤리.

참고문헌

경제정의연구소, 「KEJI모형에 의한 경제정의성과로 본 우량기업평가」, 도서출판 경실련, 1991.

_____, 「경제정의지수로 본 한국기업의 사회적 성과평가 보고서」, 2회-5회.

그리스도교 철학연구소 편, 「현대사회와 정의」, 철학과 현실사, 1995.

김세열, 「기독교 경제학」, 도서출판 무실, 1990.

문시영, 「기독교 윤리 이야기」, 도서출판 한들, 1996.

서광조·이응권 공저, 「기업윤리와 경제윤리」, 철학과 현실사, 1996.

신동욱 옮김, 앨런 레더 지음, 「좋은 회사, 존경받는 기업인」, 매일경제신문사, 1995.

신유근·백삼균·홍길표 공저, 「기업과 사회」, 한국방송대학교출판부, 1995.

이만기, 「기독교와 경제윤리」, 일신사, 1992.

이재율, 「기독교와 경제정의」, 「통합연구」 제6호, Feb 1990.

조성표, 「성경의 경제관」, 「통합연구」 제6권 2호, Oct 1993.

Chewning, Richard C., 「Christians in the Marketplace Series Biblical Principles and Business: The Practice」, Navpress, 1990(기독경영연구회 역/추잉 지음, 「기업경영과 성경적 원리」, IVP, 1993).

Gay, Craig M., 「With Liberty and Justice for Whom? : The Recent Evangelical Debate Over Capitalism」, Eerdmans Publishing Company, Grand

Rapids, 1991.

Goudzwaard, Bob, 「Capitalism and Progress」, Toronto, Canada, Wdege Publishing Foundation, 1979.(김병연·정세열 옮김/하웃즈바르트 지음, 「자본주의와 진보사상-서구사회에 대한 비판적 진단」, IVP, 1989).

Motyer, J. A., 「The Day of the Lion」, The Christian Wisdom Publishers, 1987(한영훈 옮김, 「공법을 물같이 정의를 하수같이」, 기독지혜사, 1987).

Richard C. Chewning, John W. Eby & Shirley J. Roels, 「Business Through the Eyes of Faith」, Christian College Coalition, 1990(안동규·한정화 옮김, 「신앙의 눈으로 본 경영」, IVP, 1995).

3. 네 이웃을 네 몸과 같이 사랑하라
성경과 통계로 보는 생명 나눔 지표들

강도에 찔렸으나 성직자도 외면한 위급한 부상자를 구한 선한 사마리아인의 비유는 그저 재미있는 이야깃거리로 있는 것이 아니다. 그에게서 어쩌면 자신의 전 재산, 즉 생명을 드려 사람을 살리는 큰 열정과 사랑을 보게 되고 그 속에서 예수님의 형상까지를 읽게 된다.

예수님은 "인자가 온 것은 섬김을 받으려 함이 아니라 도리어 섬기려 하고 자기 목숨을 많은 사람의 대속물(代贖物)로 주려 함이니라"(막 10:45)고 말씀하셨고, 실제로 십자가에서 무한한 사랑을 보이셨다. "영혼 없는 몸이 죽은 것 같이 행함이 없는 믿음은 죽은 것이니라"(약 2:26), "누구든지 제자의 이름으로 이 작은 자 중 하나에게 냉수 한 그릇이라도 주는 자는 내가 진실로 너희에게 이르노니 그 사람이 결단코 상을 잃지 아니하리라"(마 10:42)고 보상의 원리도 약속하시고, "내가 너희를 사랑한 것 같이 너희도 서로 사랑하라"(요 15:12)고 말씀하셨다. 따라서 작은 생명 나눔은 예수님의 사랑을 감격하며 조금이라도 제자의 도리를 다하여 큰 생명을 나누며 참 그리스도인이 되는 기본적인 덕목이고 또한 특권이다.

성경에 나타난 소극적인 윤리와 적극적인 윤리

'살인하지 말라'는 계명은 마땅히 지켜야 할 소극적인 윤리다. 그러나 봉사와 나눔의 이웃사랑은 하면 할수록 좋은 적극적인 윤리이다. 그리고 사랑(행하는 믿음)에는 이 세상에서나 천국에서 반드시 주님의 보상(報償)이 따른다는 것을 알 수 있다.

몇 년 전에 '나비효과'라는 말이 유행되었는데 이것을 신앙적으로 보면 공생(共生)의 관계성을 말한다. 사람과 사람의 관계나, 사람과 자연의 관계가 좋아야 나 자신이나 창조된 모든 세계가 좋을 수 있다는 뜻을 갖고 있다. 헌혈, 골수, 장기(시신)기증등록증 갖기 운동은 자신의 소중한 신체의 일부를, 헌혈이나 장기이식만 하면 살 수 있는 이에게 값없이 나누어주는 것으로, 인류의 생명을 살리고자 자신의 몸과 피를 내어 주신 그리스도의 삶을 따르는 숭고한 나눔의 좋은 관계운동이다.

나눔의 방법은 물질로 구제하는 것, 전도로 구원을 얻게 하는 것, 설교나 말씀을 나누는 것, 상담하는 것, 혈액·골수(조혈모세포)기증 등 다양하다. 그러나 최근 5년 동안 골수나 장기가 부족하여 2천 명 이상이 사망하는 현실에서 장기를 나누는 일은 실천적 의미에서 매우 귀중한 일이다.

성탄절을 헌혈·골수 기증희망 서약의 기회로!

급성백혈병에 걸린 환자들은 주로 어린이들인바 천행으로 기증된 골수가 환자의 것과 맞는다고 해도 치료비는 5~6천만 원에서 1억 원이 들어가기도 한다. 저출산 시대에 정부와 함께 어린 생명을 건지기 위한 우리 기독인의 사랑이 절실하다.

골수이식의 경우 골수공급이 부족하고 이식비용도 많이 들기 때문에 환자들의 가족은 이중고에 시달린다. 그래서 현재보다 5배 이상의 기증자가 필요하다. 항암제로는 거의 완치될 수 없는데 골수이식을 받으면 급성백혈병은 60~70%, 만성 백혈병은 90% 이상 완치될 수 있는 숭고한 가치의 나눔이다.

최근 5년간 831명이 기증 부족으로 사망했다. 그리고 현재 골수를 기증받아야 할 환자 수는 5천 명 이상이고 기증 희망자는 8만 명뿐이기 때문에 약 20만 명의 추가 등록이 필요한 상태다. 그렇지 않으면 희망 환자 중 또 2천여 명이 몇 년 안에 사망할 수가 있다. 왜냐하면 골수가 서로 맞을 확률(조직형 일치 HLA-Type)은 약 1/25,000이기 때문이다. 17~39세의 건강한 개신교인 약 4백만 명(통계청 1999. 자료) 중 10%인 40만 명만 교회를 통해서 골수기증 약속(이중 실제 골수기증은 약 1천 명만 하게 되는 확률)을 하면 골수 부족 문제는 해결될 수 있다.

따라서 대형 2천 교회 기준으로 연 2회 헌혈할 때, 한 교회당 평균 200~1,000명씩 골수기증 약속을 동시에 하면 2천 명의 생명을 구할 수 있다. 실제로 골수기증이 이루어질 때는 정부의 2박3일의 휴가제도가 있다. 환자와 유전자가 맞을 때 지정병원에서 신체검사를 받고 기증하게 되지만 건강에는 아무런 지장이 없다.

헌혈이나 골수기증을 위해서는 희망자가 많다고 할지라도 규정에 안 맞아 채택되는 비율이 20~30%까지 떨어질 수 있다. 적어도 헌혈(골수기증 포함) 1~2개월 전에는 적십자사 등과 협의하여 교인들을 교육하고 미리 준비하게 하는 것이 효과성을 높이는데 매우 중요하다. 어렵게 사역을 시작했는데 실제적인 도움이 안 된다면 성도들에게도 낙심이 생길 수 있기 때문이다.

실제 서울 은평구의 S교회의 경우 작년 가을에 헌혈을 실시하였는데, 200명 신청한 가운데 실제로는 40여 명만 기증할 수 있었다. 헌혈을 하기 위해서는 여자라도 몸무게 45Kg 이상이 되어야 하며, 저혈압이거나 약이나 알코올 등을 섭취하면 대상에서 제외되기 때문이다.

* **최근 5년간 장기이식 못 받고 2,121명 사망**(자료: 국립장기이식관리센터)

골수 831, 폐 23, 간장 897, 신장 283, 심장 80, 췌장 7, 계 2,121명으로 이중 간장과 신장으로 인한 사망이 가장 높음

* **이식환자별 3년 이상 생존율(%)**

	신장	간장	췌장	심장	폐	골수
생존율	94.1	74.3	89.2	89.9	40.0	70.8
최근 5년 이식 대기자 수(명)	6,118	3,850	176	270	66	5,051

감소하는 교회헌혈도 다시 배가해야!

하나님께서는 10% 가량의 남는 피를 우리 몸에 주셔서 이웃과 나눔을 실천하게 창조하셨다. 바로 이 나눔으로 한 생명을 살릴 수 있다. 그런데 헌혈의 경우 사용 유효기간 문제 때문에 먼저 연중 꾸준한 공급이 필요하다. 적십자사의 많은 노력에도 불구하고 휴가철과 방학기간이 겹치는 여름과 겨울에는 피가 모자라 응급수술을 받아야 하는 환자들이 수술을 받지 못하여 죽음의 위기를 당하기도 한다. 그런 면에서 교회에서 공동으로 하는 헌혈은 물론 기독인들이 직장이나 거리에서 개인적으로 헌혈을 하는 것도 아주 귀중한 생명 나눔의 한 방법이다. 이렇게 하면 현재 헌혈이 부족하여 헌혈한 혈액으로 알부민 등 치료약품을 만드는 원료의 일부를 수백만 달러나 주고 매년 외

국에서 사오는 부끄러운 모습에서 벗어날 수 있다.

사랑헌혈운동본부의 통계를 보면 1997년 1,017개 교회에서 5만7천 명이 헌혈하던 것이 2004년에는 762교회 3만4천 명 선으로 급격히 감소하고 있다. 전국의 교회가 6만2천 개나 있고 그중 대형 2~3천 개 교회가 헌혈 공백기인 여름과 겨울(성탄절)에 2회 헌혈을 하게 되면, 적어도 1년에 15만 명이 교회를 통해서 헌혈이 가능하다. 그런데 대형교회도 그 몇몇을 빼놓고는 매년 헌혈하는 교회가 드물다는 것은 주님 앞에 매우 부끄러운 일이다. 이에는 담임목사의 실천의지가 무엇보다도 중요하다.

헌혈과 관련하여 '갚아주시는 주님의 은혜'를 가시적으로 볼 수 있는 통계자료도 있다. 정기적 헌혈의 효과는 생명을 살리는 기쁨(엔돌핀)만 있는 것이 아니고 실제로 정기적으로 헌혈하는 사람은 그렇지 않는 사람에 비해서 심장병에 걸릴 확률이 86%나 낮아진다는 사실(미국 국립보건연구원 발표)은 '작은 실천에 대한 큰 보답의 은혜'가 확실히 예비되어 있다는 반증(反證)이다. 예수님은 죽기까지 하셔서 우리에게 값없이 생명을 주셨지만, 우리의 작은 나눔에도 이렇게 크게 갚아 주신다.

2만 명의 눈을 뜨게 하는 성스러운 사역 각막 프로젝트

3대 종교단체와 정부의 노력, 2004 11월부터 시작한 MBC의 '느낌표, 눈을 떠요' 프로그램 등에 힘입어 기증 희망자 부문은 개신교를 선두로 2003년 대비로도 3배 이상이나 증가했다. 이것은 기독교가 그동안 선도적 역할을 한 점도 있으나 국민 의식의 향상으로 인한 고무적인 일로 보이며, 2005년 1월~6월에도 골수기증 희망이 전년 대비 약 12% 늘어나고 장기기증 희망자 수도 약 20% 늘어났다.

이렇게 각막기증 약속이 늘어나고 있으나 20~30대 기증자가 주류를 이루고 있어 사후(死後) 각막이 제공되기까지는 40~50년이 걸릴 예정이다. 뿐만 아니라 2004년도에 실제 기증된 수는 오직 84명뿐이다. 그러므로 각막이식 대상자 약 2만 명의 눈을 밝히려면 각막기증 등록자가 20만 명 이상이 되어야 한다고 안구기증운동협회 사무국장 노석조 장로는 안타까워한다. 따라서 3백만 명이 넘는 40세 이상 개신교인 중 약 2/3인, 200만 명이 기증을 약속하면 해를 두고 20만여 명의 눈을 점차 밝힐 수 있다는 사실은 얼마나 놀라운 일인가!

장기 나눔 운동도 1991년경부터 사랑의장기기증운동본부 등을 통하여 선도적으로 해 왔던 것이고 여러 분야에서 기독교가 잘 하는 것이 있지만, 중요한 것은 타종교보다 무엇을 더 잘 하는 것이 문제가 아니고 얼마나 말씀대로 행하며 살았는가를 큰 기준으로 변화되어 나가야 한다. 타종교와의 차별화뿐 아니라, 타국가 기독교와의 차별화까지를 내다보아야 한다.

그러기 위해서는 은혜로 주신 막대한 인적, 물적 자원을 선용하는 일이고 장기기증의 경우는 우리가 기독인이면서도 의식 속에는 전통적 유교사상의 영향으로 시신이나 장기기증을 꺼리는 경향을 뛰어넘는 일이 중요하다. 가족과 내가 기증을 약속했더라도 그 자손이나 나 자신이 이를 이행하지 않으면 아무 소용이 없고 기증자의 생명 나눔은 다 무너져버린다.

따라서 성만찬의 정신과 부활의 신앙으로 기증을 많이 하는 것과 함께 기증하기 위하여 약속한 것이 결실로 이어질 수 있는 순종하는 사랑의 신앙이 필요하다고 본다.
(「축복의 통로」 2005. 11/12월호. 김홍권 한국종교사회윤리연구소 소장)

4. 종교에 대한 세계 저명인사들의 관점[11]

* 다만 종교만이, 고통을 기쁨으로 바꿀 수 있다.(스타니스라우스)

* 종교는 인간 도야의 근본이다.(J.H. 페스탈로치)

* 종교는 생활의 부패를 막는 향료다(F. 베이컨)

* 내 자신이 짐승과 같다는 것을 발견하는 것은 종교의 마지막 단계일 것이다. 내 자신이 신과 같다는 것을 발견하는 것은 종교의 마지막 단계일 것이다. 인생의 길은 짐승과 같은 자신을 발견하고 비명을 지르기도 하고 신과 같은 내 모습을 발견하고 환호를 올리기도 하면서 걸어가는 여정인 것이다.(류달영, 柳達永/인생을 말한다)

* 인간이 종교의 시작이며 동시에 끝이다.(L.A. 포이에르바하/종교의 본질)

* 모든 종교는 도덕을 그 전제로 한다. 그러하지 않으면 신에 대한 거짓 봉사가 된다.(L.칸트/윤리학 강의)

* 종교란 모든 우리의 의무를 신의 명령으로 받아들이는 것이다.(L. 칸트)

---

11) 이어령 편저 『세계문장 대백과사전』 중에서 발췌

* 종교는 모든 문명의 어머니다.(영국)

* 고독한 종교, 그것은 아직 진짜는 아니다. 종교는 공통의 것이 되지 않으면 안 된다.(H. 헤세/데미안)

* 종교와 예술은 우주에 인간성을 부여하는 시도처럼 보인다. 모든 종교는 하나의 성취이며 승리이며, 비록 인간은 무력하나 그의 이념은 그렇지 않다고 믿는다.(B. 러셀/사랑이 있는 기나긴 대화)

* 종교는 위대한 힘이다. - 이세상 유일의 진실된 원동력이다.(G.B. 쇼오)

* 종교가 없는 교육은 오직 현명한 악마를 만드는데 지나지 않는다.(A.W. 웰링턴)

* 참된 종교의 목적은 윤리의 원칙을 영혼의 구석 깊이 처박아두지 않으면 안 된다.(G. 라이프니치)

* 모든 종교는 영생을 향한 자기초월의 수단이다.(H. 로이드)

* 종교의 번영을 막는 것은, 이지적 인간과 실제적 인간이다.(F.E. D. 슬라이에르마허)

* 링컨은 자기의 임무를 감당할 힘을 얻기 위하여 교회의 3일 밤 기도회에도 빠지지 않고 꼭꼭 참석했다.

* 종교는 생명의 소금이며 힘이다.(K. 힐티/잠 못 이루는 밤을 위하여)

* 왕국의 최대의 자유는 종교이다. 우리는 그것에 의해 정신적 해악으로부터 해방된다. 정신에 가해진 부담보다 더 괴로운 것은 없다. 그다음으로 중요한 자유는 정

의이다. 우리는 그것에 의해 우리의 신체나 재산에 가해지는 위해로부터 보호된다. 셋째로 중요한 자유는 의회의 권력과 특권에 있다.(J. 핌)

　　* 종교는 인간성의 영원히 파괴할 수 없는 형이상학적 요구의 표현이다.(J. 부르크하르트/세계사적 고찰)

　　* 평화의 종교를 갖는 인간에게 있어서 그 최고의 가치는 사랑이다. 전쟁의 종교를 갖는 인간에게 있어서 그 최고의 가치는 투쟁이다.(E.E. 디킨슨/우리들 앞의 선택)

　　* 종교…, 가장 깊은 인간 경험의 소리(M. 아아놀드/문화와 아나키)

　　* 인간은 신체의 약이 듣지 않는다고 안 다음부터 겨우 영혼의 약을 찾는다.(핏샬트/詩시)

　　* 당장 종교를 무시할 수는 없다. 왜냐하면, 종교란 과학에 반대되는 존재이기 때문이다.(I.V. 스탈린)

　　* 스탈린은 신학교를 다니고 성경을 독파했다고 할 수 있는 유일한 독재자다. 그러나 종교를 완전히 부정하였다. 그런데도 자기 아내의 장례식은 거의 전통적인 방법을 허용했다는 사실은 주목할 만한 사실이다.(J. 간서/procession)

　　* 종교타락은, 종교가 이론 그것에서 떨어지는 데서 시작하는 것이 아닌가.(임어당, 林語堂/생활의 발견)

　　* 히틀러는 모태 가톨릭신자였다. 그는 종교심이 없었고 정권을 잡자마자 가톨릭, 신교, 유대교를 상대로 치열한 종교 전을 시작했다.(J. 간서/procssion)

5. 개신교 호스피스 전국기관 명단

(2007년 3월 현재)

유형
① 병동형 호스피스 ② 산재형 호스피스 ③ 가정호스피스 ④ 시설호스피스 ⑤ 주간호스피스 ⑥ 병원 시설 방문형 호스피스 ⑦ 기타

	서울지회(지회장 : 이경옥)						
NO	기관명	대표	실무책임자	전화번호/팩스	이메일/홈페이지	주소	유형*
1	이화여대 가정호스피스센터	최화숙	최화숙 016-706-3550	02)312-4100 fax)392-6658	ehospy@hanmail.net www.24hospice.com	서대문구 북아현동 1-461 이대사회복지관108호 (우) 120-193	③
2	세브란스 호스피스	이창걸	이경옥	02)2228-6630 361-7653 fax)312-7032	hospice@yumc.yonsei.ac.kr	서대문구 신촌동 134 세브란스병원 암 센터 6층 (우)120-752	②③
3	고대안암병원 호스피스	장성호	김여원 920-5850	02)920-5977 fax)920-5204	graceone@dreamwiz.com	성북구 안암동5가 126-1고대안암병원 호스피스회 (우)136-705	②
4	순천향 대학병원 호스피스	안영덕	변미형 016-836-0290	02)7099-114 병원 709-9747사무실 fax)793-7548	namebmb@yahoo.co.kr	용산구 한남동 657 순천향대학병원 원목실 (우)140-910	②
5	한양 호스피스	최일용	신덕신	02)2290-8832 02)2290-8103 fax)290-9289	nurmi@hanmail.net	성동구 행당동 17 한양대학교 부속병원 (우) 133-070	②
6	보훈병원호스피스	손홍례	윤경숙	02/2225-1781 fax)484-4604	losa54330@yahoo.co.kr	강동구 둔촌동 6-2 한국보훈병원 호스피스 사업실 (우) 134-791	②
7	남서울교회 호스피스	이정택 018-277-6174	이영자 031)286-2326 011-338-1823	02)534-3631(교회) fax)599-1194	gracebright@namseoul.org www.namseoul.org	서초구 반포동 4-12 남서울교회 (우)137-800	⑥
8	무지개 호스피스	김옥라	김양자 017- 250-0670	02)736-1928 fax)736-6588	rainbowhospice@hanmail.net www.kakdang.or.kr	종로구 신문로 2가 1-42 (우)110-062	③⑥
9	서울시립동부병원	김대영	이현주 011-661-9475	02)920-9338 fax)02-920-9345	www.dbhosp.go.kr	서울시 동대문구 용두동 118-2	②
10	정릉교회 다비다호스피스	박은호	음두옥 011-1708-2175	02)914-8914 Fax)02-914-7818	3golbang@hanmail.net	서울시 성북구 정릉동 139-2 정릉교회다비다호스피스 우)136-844	

NO	기관명	대표	실무책임자	전화번호/팩스	이메일/홈페이지	주소	유형*
11	방화6복지관 호스피스	이권일	김효연 011/9774-1887	02)2666-6181~3 fax)2666-6184	hyoyoen@hanmail.net	강서구 방화1동 도시개발Ⓐ 6단지내 (우)157-746	③
12	사랑의교회 호스피스	박남규 016-280-7755	황우영 간사	02)3479-7619 fax)3479-7313	nkpark@sarang.org http://hospice.sarang.org princess4290@sarang.org	서울시 서초구 서초4동 1310-5 영동프라자 내 334호 (우)137-074	③⑥
13	영락교회 호스피스	최순삼	정용우 019-590-9777	02)2273-6301(교환) fax)2263-9811	within-j@hanmail..net	서울시 중구 저동 2가 69 자원봉사 사무실 (우)100-032	⑤
14	서울영동교회 호스피스	최경자	김춘선	031)265-3747	샘물호스피스 선교회에서 봉사활동함	경기도 용인시 수지읍 상현리30 성원Ⓐ116-1501 (우)449-840	⑥
15	일원동교회 호스피스	박상동	박상동	02)2226-1048 016-9210-0560	sd727@hanmail.net	강남구 일원 본동 732-1 일원동 교회 (우)135-230	⑥
16	잠실중앙교회 호스피스	박삼우	이순희 018-239-0952	02)412-5389 02)423-0952 fax)416-1463	shlee0952@yahoo.co.kr.	송파구 신천동 7-5번지 종교부지 잠실중앙교회 (우)138-240	⑥
17	순복음호스피스	박기종	박기종	02)3469-4600 fax)538-4240 019-433-5484	3492-4592(호스피스사무실) *주일날만 통화가능 함 hong0010@hitel.net	강남구 역삼동 833-6 순복음교회 여의도 제2성전 (우)135-933	③
18	충신교회 호스피스	우영주 02)793-3770 011-9369-5566	우영주	02)793-7740 fax)794-1799	kangsingu@hanmail.net ezra@choongshin.or.kr	서울시 용산구 이촌1동 302-67 충신교회 내 (우)140-854	③
19	여의도 순복음 호스피스	조용기	이영신 총무 이보선 019-843-5355	02)782-8111~2	장윤석 전도사님 brczzang@hanmail.net	서울 영등포구 여의도동 11 세계선교센타 1층 순복음 호스피스 우)150-868	
20	로뎀호스피스		조영심 011-9393-8871	032)751-5871	rodemcys@yahoo.co.kr sudekig2@yahoo.co.kr	인천시 중구 운서동 2781-1 금호 1차 103동 405호 우)400-833	

NO	기관명	대표	실무 책임자	전화번호/팩스	이메일/홈페이지	주 소/우 편 번 호	유형*
	경기지회(지회장 : 김승주)							
1	샘물호스피스 선교회	손봉호	원주희	031)333-8632 fax)339-8453	vvjoohe@chol.com www.hospice.or.kr	경기도 용인시 백암면 고안리 548번지 샘물의 집 (우) 449-863	④⑤
2	우리호스피스	김용민	김용민 016-295-26 41	시설:031)533-0691 의정부:828-5147	woorihospice@hanmail. net	포천군 포천읍 어룡3리231-3(시설) 의정부시 의정부2동 433(의정부의료원내) 우)480-848	
3	의정부 실로암 호스피스	이성은	이혜정	031)539-9499 fax)532-0137	aspodelos @hanmail.net	경기도 포천군 신읍리 243-4 우)487-803	
4	평택호스피스	박종승	박종승 011-9920-6 828	031)651-6828 fax)651-6828	goodmo1414@hanmail.n et pt-hospice@hanmail.ne t	경기도 평택시 합정동 883 굿모닝병원 내 우)450-833	②③
5	천국사다리 호스피스	배미향	배미향	031)395-5009, fax)390-0671	mercy9331@hanmail.ne t	경기도 군포시 산본동 1101-1 남천병원 6층 우) 411-721	③
6	평안호스피스	박중식	김효곤	031)467-9259 fax)442-0658	pyongani@kornet.net	경기도 안양시 만안구 안양5동 613-9 샘안양병원 호스피스 병동 내우)430-714	⑥
7	안양 호스피스 선교회	김승주 011-76 0-553 6	권경란 간사 010-9129-31 53	031)443-2785 fax)467-9881	ayhospice@hanmail.net www.ayhospice.kr.to	경기도 안양시 만안구 안양8동342-1-5 메트로 병원 3층 사무실	①
8	하늘다리 호스피스	김병삼	권미란 간사 017-236-56 84	031)706-3351 fax)706-3350	haneuldari99@hanmail. net	경기도 성남시 분당구 야탑동 393 만나교회내 우)463-827	② ③
9	할렐루야호스피 스	박홍준	박홍준 016-201-83 52	031)780-9500 fax)780-9595	rejoicejun@hanmail.net	경기도 성남시 분당구 야탑동 132 할렐루야 교회 호스피스 담당자우463-816	③
10	창조호스피스	박복순	박복순	031) 016-346-5167		경기도 성남시 분당구 정자동 240 우)463-815	
11	지구촌 호스피스	이동원	이정우전도사 017-408-39 27	031)710-9347 fax)719-9400	jwlee@jiguchon.org	경기도 용인시 수지구 신봉동 1-1 지구촌교회 우)449-844	⑥
12	양주, 동두천호스피스	박기남	손영란 간사 011-9330-0 259	031)859-7621 fax)859-7621	bongsanet@hanmail.net	경기도 양주시 화정동 장한빌라 11- 301호 우) 482-858	

NO	기관명	대표	실무 책임자	전화번호/팩스	이메일/홈페이지	주소/우편번호	유형*
13	고양호스피스	김태수	유선덕 010-4597-3514	031)966-3391 fax)967-0991	lifeline91@hanmail.net	경기도 고양시 일산구 백석동 1175-6 3층 우)411-721	②
14	일산 호스피스	박태경	박태경 011-9052-0202	031)902-0079	harmonypark@hanmail.net	경기도 고양시 일산구 마두동 강촌 한신A. 209-802 우)411-716	
15	수원기독 호스피스	김환근	김환근 017-219-2718	031)254-6571 fax-252- 6572	khkpia@chol.com www.hospice.ne.kr	경기도 수원시 장안구 조원동 668-9 우)440-846	①⑥
16	중앙호스피스 선교회	서석원	전상헌 016-9292-4949	031)229-9124 fax)232-1653	care1225@hanmail.net	경기도 수원시 팔달구 교동 144 중앙침례교회 우)441-130	
17	평촌 호스피스	림형석	조수영 (평촌호스피스 회장) 019-436-3412	031)459-3412 fax-031)425-3020	rimhyungsug@yahoo.com csy3412@hanmail.net	경기도 안양시 동안구 평촌동134-3 평촌교회 우)431-070	③
18	남양주호스피스 회	이인호	임승희 010-4755-2265	031)566-2203 031)552-2260	leeinx@hanmail.net liminx@hanmail.net	경기도 남양주시 도농동 경춘로116 동화중고등학교내 길가에 교회	
19	그리심호스피스 회	박현숙	이철승 016-541-9868	031)711-5020 031)711-5021	gerizimhospice@hanmail.net	경기도 광주시 오포읍 신현리 803-8 우)464-890	
20	양평군보건소	진난숙	문희경 017-364-2363	031)770-3530 fax-031)770-3537	kyungsuk56@yq21.net momall98@hanmail.net	경기도 양평군 양평읍 양근리 533-1 양평군 보건소3층 우)476-806	

인천. 부천 지회 : 지회장 최영순							
NO	기 관 명	대표	실무 책임자	전화번호/팩스	이메일/홈페이지	주 소/우 편 번 호	유형*
1	인천 호스피스	최영순	최영순 019-363-0146	032)584-5146 fax)572-2238	ysch53@hanmail.net www.my.netian.com/~noyoun	인천시 서구 가정동 511-6 참사랑병원 호스피스실 404-230	②③
2	(사)인천광역시 호스피스센타	이정순	이정순 011-310-3184	032)434-7007 fax)422-7005	salomhos@hanmail.net	인천시 남동구 구월1동 1149-2 유제빌딩 3층 우)405-835	⑥
3	송월 호스피스	박삼열	김옥분 011-266-9371	032)765-7851~3(교회) fax)765-7858	songwol@songwol.or.kr 3645seo@hanmail.net www.sogwol.or.kr	인천광역시 중구 송월동 3가 3번지 (우)400-223	⑥

\multicolumn{9}{c}{충청지회(지회장 : 홍기만)}
NO	기 관 명	대 표	실무 책임자	전화번호/팩스	이메일/홈페이지	주 소/우 편 번 호	유형
1	청주 엘림 호스피스	허흥구	강은형 016-478-5764	043/269-6831,1 팩스/266-0191	hhongku@hanmail.net	충북 청주시 흥덕구 개신동 62 충북대학병원 기독교 원목실 (우)361-711	②
2	충주호스피스	홍기만	홍기만	043-841-0278 fax 845-0691	kiman1220@hanmail.net	충북 충주시 문화동 1655번지 지방공사 충주의료원 원목실내 우)380-180	②
3	건국대학교 충주병원호스피스 선교회	정두용	김명란 016-9553-3005	043)852-1031	kml3005@hanmail.net	충북 충주시 교현2동 620-5 건국대충주병원 원목실 우)380-704	
4	공주 사랑의호스피스	조정래 전도사	조정래 010-6712-4753	041/858-4004	elisa2004@hanmail.net	충남 공주시 이인면 목동리 202 목동교회 (우)314-843	③
5	사랑의 호스피스(천안)	심석규	심석규	041/573-4384 571-7761 팩스/574-3543	hospicar@shinbiro.com myhome.shinbiro.com1/~hospicar	충남 천안시 쌍용동 541-17 (남천안제일병원) (우)330-947	③
6	대전 소망호스피스	박현택	김선화	042/535-3111 042)535-3142 fax)535-3143	fromlord@hanmail.net /http://smsilver.or.kr	대전시 중구 오류동 175-14 우)301-821	
7	충청호스피스 선교회	이재광	이재광	042)638-0191 fax)639-4242	as23krkr@yahoo.co.kr	대전시 동구 자양동 211-9 (소망의 전화) 우)300-831	
8	대전 호스피스회	윤화섭	윤화섭	042)221-8291 018-413-9727	8291you@naver.com	대전광역시 서구 가수원동 685 대전성모병원 옆 호산나교회	
9	대전건양대병원 호스피스	강영우	김오자 011-9241-2032	042/600-6885 fax)600-9090	kimplus12345@hanmail.net	대전광역시 서구 가수원동 685 대전건양대학교병원	
10	대흥호스피스	안종만	이종구 011-402-1002	042)525-8881 fax)525-8883	whdrn1002@hanmail.net www.daeheung.org	대전시 중구 오류동 177-36 우)301-120	
11	당진 사랑의호스피스	이 철	이명철 011-436-0747	041)354-0161 fax)354-0165	hospice1004@hanmail.net www.danjin.or.kr	충남 당진군 당진읍 동문리 513-10 당진감리교회	
12	대전실로암호스피스	김진천	김혜영 016831-3932	042)632-8291	wn5237@empas.com	대전시 동구 삼성1동 292번지 삼성성결교회내 우)300-812	

	전북지회(지회장 : 윤욱희)						
NO	기관명	대표	실무책임자	전화번호/팩스	이메일/홈페이지	주 소	유형*
1	전주예수병원호스피스	김수곤	박정자 016-681-5476	063)230-8014 fax)230-8014	boojoge@hanmail.net	전주시 완산구 중화산동1가 300번지 우)560-750	②
2	전주 엠마오사랑병원 호스피스	윤욱희 016-652-3322	손행자	063)232-8881 내선311 fax)288-2870	yoonech@hanmail.net bombi213@hanmail.net	전주시 완산구 중화산동1가 149-1 (우) 560-835	②
3	전북소망 호스피스	선윤섭	선윤섭 011-9669-0020	063)284-2145 fax)286-2145	sohoson2145@hanmail.net	전북 전주시 완산구 중앙동 4가 1번지 소망호스피스	③④
4	겨자씨 나눔 선교회 호스피스	김상섭	김상섭 011/681-8234	063)282-5546 fax)282-5548	kisasu@hanmir.com	전북 전주시 완산구 서완산동 1가 79-1 겨자씨 나눔선교회 우)560-151	②④
5	군산 호스피스	배영식	손순례 011-9647-1621	063)472-5884 fax)461-3378	kshospice@hanmail.net	전북 군산시 지곡동 29-1 (우)573-713	②
6	순창 호스피스	임재호	임재호(이영숙) 011-9641-8808	063)650-1818 fax)652-0308	noinbokji@hanmail.net	전북 순창군 순창읍 남계리 489-25 우) 595-803	⑥
7	크로스 호스피스	이상빈 017-634-3917	이상빈	063)244-0917 063)245-0917 fax)244-0918	sbin21@hanmail.net www.jchospice.co.kr	전북 완주군 용진면 신지리889-1 건강한교회 내 우)565-814	③④
8	안디옥 호스피스	여규완	여규완 011-347-0695	063)274-7211 fax)253-4198	yuh--@hanmail.net	전주시 덕진구 금암2동 1593-8 전주 안디옥 교회내 우)561-805	⑥
9	익산기독교호스피스	오세길	이순흥 019-352-0917	063)852-0917 내선 411	lsun0917@hanmail.net pice0917@hanmail.net	익산시 남중동 375-292 새소망정형외과 4층 우) 570-956	①③
10	군산호남호스피스	박금례	박금례 016-615-9580	063)465-0074	jesus4564@hanmail.net	군산시 신풍동 892-121번지 우)573-130	③⑥
11	남원기독호스피스	조용학 016-682-0702	양경순 011-9627-5385	063)635-1359	whdydd@hanmail.net(조) didrnjstk@naver.com(양)	남원시 고죽동 200번지 남원의료원내 우)590-702	②

광주 전남지회(지회장 : 주리애)									
NO	기 관 명	대 표	실무책임자	간 사	전화번호/팩스	이메일/홈페이지	주 소/우 편 번 호	유형*
1	광주 기독병원 호스피스	송경의	임연근 017-601-2286	김영임 019-629-0354	062)650-5570 fax)671-7447	yimkim12@hanmail.net	광주 광역시 남구 양림동 264 우)503-715	①
2	광주보훈병원 호스피스	김 엽	양윤선 017-612-7572		062)602-6228 fax)602-6980	happymind55@hanmail.net www.bohun.or.kr	광주시 광산구 산월동 887-1	
3	광주C.C.C 사랑의 호스피스	이종석	주리애 010-2681-8784	김 현 019-618-0864	062)232-4953 fax)232-4956	pricila@@hanmail.net	광주시 동구 동명1동 154-44 (우)501-813	③⑤⑥
4	광주 겨자씨교회 호스피스	나학수	민순 016-611-6830	정경숙 062)652-0502	062)231-7367(학교) 062)673-6830	smin7367@hanmail.net	광주시 서석동 280 조선간호대학내 (우) 501-140	③

대구 경북지회(지회장 : 장황호)							
NO	기 관 명	대 표	실무책임자	전화번호/팩스	이메일/홈페이지	주 소/우 편 번 호	유형*
1	대구동산병원 호스피스	장황호 053)250-7600 011-530-7144	송미옥 017-511-7795	053)250-7924, 7974	miok7795@dreamwiz.com	대구시 중구 동산동 194 대구동산병원 호스피스 병동 우)700-310	①④
2	선린호스피스	정현식	최성은 010-8289-6198	054)245-5542 fax)054-245-5565	sunlinhospice@hanmail.net	경북 포항시 북구 대신동 69-7 한동대학교 선린병원 우) 791-704	②
3	동서호스피스	류승범	류승범 011-9362-9663	053)776-0875 fax)765-5074	rysb21@hotmail.com	대구시 수성구 중동 479 우)706-838	
4	안동YWCA호스피스	이명자	이원걸	054)854-5481 fax)854-5482	adywca@hanmail.net	경북 안동시 법상동 42 상일파크상가 내 우) 760-210	⑥

울산지회(지회장 : 손승원)							
NO	기 관 명	대 표	실무책임자	전화번호/팩스	이메일/홈페이지	주 소/우 편 번 호	유형*
1	울산 호스피스	손승원 양도용	이태옥 011-9542-7715	052)268-0191 fax)259-5260	ush0191@hanmail.net	울산시 남구 신정5동 34-72 울산병원내 (우)680-742	②③

	부산 경남지회(지회장 : 윤영일)						
NO	기 관 명	대 표	실무책임자	전화/팩스	이메일/홈페이지	주 소/우 편 번 호	유형*
1	부산고신의료원 호스피스	윤영일 051/990-6084	강현옥 019-272-4701	051)990-6747, 6084 fax)990-6085	youngillpa@yahoo.co.kr hynok1110@hanmail.net	부산시 서구 암남동 34 고신대학교 복음병원 원목실 (우)602-702	②
2	부산일신기독병원 호스피스	김민철 051-630-0461	김희숙 011-630-0560	051)630-0560 fax)647-8935	kmc@ilsin.or.kr	부산시 동구 좌천동 471 (우)601-050	②③
3	부산대병원 호스피스	이젬마 051-240-7887	백승완 051-240-7396 011-554-0118	051)240-7887	http-hospice.pnuh.co.kr sumie@pnuh.co.kr	부산시 서구 아미동 부산대학병원 호스피스 (우)602-062	②
4	부산침례병원 호스피스	김진석	김은숙 019-559-3166	051)580-2222-3 fax)580-2226	kes0827@yahoo.co.kr	부산시 금정구 남산동 374-75 우)609-813	②
5	수영로교회 호스피스	정필도	황옥희 011-9536-5085	051)758-0057 011)9536-5085 fax)740-4510	syrhospice@hanmail.net	부산광역시 해운대구 우2동 1418-1 수영로 교회 (우)612-824	②
6	고신대 가정 호스피스센터	손수경	손수경 017-577-6454	051)990-6447 fax)990-3032	sue@kosin.ac.kr	부산시 서구 암남동 34번지 고신대학교 간호대학 우)602-703	
7	영도중앙교회호스피스선교회	제영준	제영준 016-591-8215	051)415-2241~3 fax)418-6770	joon459@hanmail.net	부산시 영도구 남항동 3가 126번지 우)606-033	①
8	호산나교회 호스피스	금성욱 010-2779-8127	정미애 019-535-0546	051)208-0196 팩스)293-6087	jmaljk@hanmail.net landuk@krpost.net www.hosannna21.com	부산시 사하구 하단2동 512-6 우)604-852	①②
9	새소망호스피스	김정식	차경희 011-9339-3514	051)529-1524	kimks66@kbs.co.kr	부산시 금정구 서3동 207-22 새소망병원4층 우)609-850	

	강원 지회 (지회장 : 박상운)						
NO	기 관 명	대 표	실무책임자	전화번호/팩스	이메일/홈페이지	주 소/우편번호	유형*
1	봄내 호스피스	이주호	박상운 017-358-0362	033)263-5454 033)261-5652	psw033@hanmail.net http://hospicecc.or.kr	강원도 춘천시 동내면 거두리 98-1 기쁨의 집 (우)200-881	④
2	원주기독병원 사랑의호스피스	정택진	문애경	033)741-1006 fax)741-1006	sorang@wonju.yonsei.ac.kr	강원도 원주시 일산동 162 원주기독병원 원목실	③
3	태백호스피스	김종언	김혜순	033)553-0982	hskim1019@hanmail.net	강원도 태백시 황지동 14-1번지황지교회내 우)235-010	

제주지회(지회장 : 김은숙)						
NO	기관명	대표	실무책임자	전화번호	이메일/홈페이지	편번호	유형*
1	제주호스피스선교회	김정서 전신권	김이선 018-559-1881	064)722-5991, 723-5991 fax)723-5991	about-dream1@hanmail.net	제주특별자치도 제주시 봉개동 606번지 (우)690-832	②

기타기관						
NO	기관명	대표	실무책임자	전화번호/팩스	이메일/홈페이지	주 소/우편번호	유형
1	간호조무사협회	임정희	염문경 010-2225-8242	02)838-8682 fas)859-8917	kana74@chollian.net	서울시 구로구 구로동 106-4 구로선경오피스텔 1408호 우)152-050	

한국호스피스협회

대구시 중구 동산동 194 계명대학교 동산의료원 내 한국호스피스협회
Tel. 053)256-7893   Fax. 053)256-7893
홈페이지 http : //www.hospicekorea.com
전자우편 hospicek@hanmail.net

6. 천주교 호스피스 봉사기관 전국 명단

(2006년10월25일 현재)

	기관명	대표	책임자	주소	전화	유형
1	모현호스피스	장귀옥	문선옥 수도사	서울 용산구 후암동44	779-8245	치용시설 가정호스피스
2	테클라의 집		박홍숙 평신도	부산시 수영구 남천1동70-1314/3	051) 626-9974	생활보호 독립형
3	월명성모 요양병원	이문희	최휘인 성직자	경북김천시 남면 월명리242-4	054) 425-5579	생활보호+이용 병(의)원
4	천주의성요한 병원호스피스	장현권	장현권 수도자	광주시 북구 유동115-1	062) 510-3114	생활보호+이용/병(의) 원/가정호스피스
5	성모꽃마을		박창환 성직자	충북 청원군 내수읍 원용리259-1	043) 211-3171	생활보호/곡립형. 가정호스피스
6	성이시돌복지원	피.제.매 크린치	김태정 수도사	북제주군 한림읍 대림리 182-10	064) 796-2244	이용시설/병원(의원)
7	전북대병원 가톨릭원목실	이병호	이길임 수도사	전주시덕진구금암2동634-18	063) 250-1336	이용시설 환자방문안내
8	성바오로애덕원 북자법인	이정애	최광희 수도자	완주군소양면해월리849-1	063) 245-5118-9	보호생활시설 병원(의원)/요양원
9	남원의료원 가톨릭호스피스	이병호	정진숙 수도자	남원시 고죽동 남원의료원	063) 620-1375	이용시설 병원호스피스
10	현북가정보호	장익	김현옥 수도자	강원도 양야군 한북면 상광정리541	033) 672-8204	보호9생활)시설 이용시설/빈민원조
11	성심병원목실	장익	수도자	춘천시 교동153 춘천성심변원	033) 240-5200	이용시설/병원(의원)
12	기린가정 간호의집	장익	민영희 수도자	인제군 기린면 현2리419-6	033) 461-9500	이용시설/가정호스피스, 가정간호
13	전진상의원	정진석	배현정 평신도	서울시 금천구 시흥5동200-2	02) 802-9311	이용시설/병원(의원). 호스피스

7. 본 연구소 발기인 참여 주요인사

(2001년 7월 5일 현재)

강철규 규제개혁위원장
강철희 이화여대 교수(사회복지학)
곽수근 서울대 교수(경영학)
김국주 자연보호 중앙(협)경기도 지회장
김동배 종교NGO 공동대표(연대 사회복지대학원장)
김동범 장애인단체(협)사무처장
김동훈 경불련 운영위원장
김선초 전 KBS 춘천방송국장
김석준 이대 행정학(현 국회의원)
김영석 문학박사 시인
김원진 국립경진학교장
김인숙 가톨릭대 전 복지학과장
김일수 형사법학회장(고려대 법대)
김정식 레저신문 사장
김진숙 전 KOTRA 파리관장
김태석 전 익산군 청 총무부장
김홍철 강원대 교수(수학)
노치준 광주대 교수(종교사회학)

류재정 국전 대상 사진작가
박광서 종교NGO 공동대표(불교, 서강대 물리학교수)
반원익 시마택(주)대표이사
신현택 숙대 교수(약대)
양대석 공인회계사
유택열 한국방사선자료(협)이사장
윤이흠 서울대 교수(종교학)
이수철 자원봉사단체협회 부장
이순세 전 통신감 육군소장
이의영 군산대 교수(경제학)
이종완 전 서울시 건축사(협)이사장
이종훈 전 중대총장
장석희 대신경제(연)실장
전병화 경실련 경제정의(연)실장
정연희 작가(서울시 문화재단이사장)
조창현 한양대 부총장
한상국 서울여상고 교장
한정화 한양대 경영학
그 외 100여명.